Helmchen/Rafaelsen/Bauer

Depression und Manie:
Wege zurück in ein normales Leben

Prof. Dr. med. Hanfried Helmchen (*1933) ist Direktor der Psychiatrischen Klinik und Poliklinik der Freien Universität Berlin (FU). Er ist einer der führenden deutschen Kapazitäten in der Psychiatrie.

Prof. Dr. med. Ole J. Rafaelsen (†) leitete viele Jahre das von ihm gegründete Institut für Psychochemie an der Psychiatrischen Abteilung des Rigshospitalet in Kopenhagen/Dänemark.

Dr. rer. nat. Dr. med. Michael Bauer (*1957) ist Oberarzt bei Prof. Helmchen an der Psychiatrischen Klinik und Poliklinik der Freien Universität Berlin (FU). Er hat sich auf die Behandlung von Depressionen und Manie spezialisiert.

Prof. Dr. med. Hanfried Helmchen
Prof. Dr. med. Ole Rafaelsen
Dr. rer. nat. Dr. med. Michael Bauer

Depression und Manie: Wege zurück in ein normales Leben

- Ein Ratgeber für Kranke und Angehörige

Leserservice:

Wenn Sie Fragen oder Anregungen zu diesem Buch haben, schreiben Sie uns!
TRIAS Verlag
Postfach 301120
70451 Stuttgart

Anschrift der Autoren:
Prof. Dr. med. Hanfried Helmchen
Dr. rer. nat. Dr. med. Michael Bauer
Freie Universität Berlin
Universitätsklinikum Benjamin Franklin
Psychiatrische Klinik und Poliklinik
Eschenallee 3
14050 Berlin

Lektorat: Sylvia Aschenbrenner

Umschlaggestaltung:
Cyclus · D+P Loenicker, Stuttgart

Umschlagphoto: Mauritius

Die Deutsche Bibliothek –
CIP Einheitsaufnahme
Helmchen, Hanfried:
Depression und Manie : Wege zurück in ein normales Leben ; ein Ratgeber für Kranke und Angehörige / Hanfried Helmchen ; Ole Rafaelsen ; Michael Bauer. – Stuttgart : TRIAS, 1988
    Frühere Ausg. u.d.T.: Helmchen, Hanfried: Depression, Melancholie, Manie

Gedruckt auf chlorfrei gebleichtem Papier

© 1998 Georg Thieme Verlag
Rüdigerstraße 14,
D-70469 Stuttgart
Printed in Germany
Satz: Fotosatz H. Buck, Kumhausen
Druck: Gulde-Druck, Tübingen

ISBN 3-89373-389-2   1 2 3 4 5 6

Wichtiger Hinweis:
Wie jede Wissenschaft ist die Medizin ständigen Entwicklungen unterworfen. Forschung und klinische Erfahrung erweitern unsere Erkenntnisse, insbesondere was Behandlung und medikamentöse Therapie anbelangt. Soweit in diesem Werk eine Dosierung oder eine Applikation erwähnt wird, darf der Leser zwar darauf vertrauen, daß Autoren, Herausgeber und Verlag große Sorgfalt darauf verwandt haben, daß diese Angabe **dem Wissensstand bei Fertigstellung des Werkes** entspricht.
Für Angaben über Dosierungsanweisungen und Applikationsformen kann vom Verlag jedoch keine Gewähr übernommen werden. **Jeder Benutzer ist angehalten,** durch sorgfältige Prüfung der Beipackzettel der verwendeten Präparate und gegebenenfalls nach Konsultation eines Spezialisten festzustellen, ob die dort gegebene Empfehlung für Dosierungen oder die Beachtung von Kontraindikationen gegenüber der Angabe in diesem Buch abweicht. Eine solche Prüfung ist besonders wichtig bei selten verwendeten Präparaten oder solchen, die neu auf den Markt gebracht worden sind. **Jede Dosierung oder Applikation erfolgt auf eigene Gefahr des Benutzers.** Autoren und Verlag appellieren an jeden Benutzer, ihm etwa auffallende Ungenauigkeiten dem Verlag mitzuteilen.

● **Trauer und Freude – Depression und Manie**

Trauer und Freude – Depression und Manie

Dieses Buch handelt von den wechselnden Stimmungen des Menschen, seinen Gefühlen, seiner Befindlichkeit. Allerdings nicht schlechthin, sondern nur von jenen, die vom Alltäglichen, dem sogenannten Normalen, abweichen.

Leid und Freude, Trauer und Begeisterung, Niedergeschlagenheit und Hochstimmung gehören zu den normalen menschlichen Gefühlen. Fast immer können wir verstehen, warum diese Gefühle entstehen – und wieder verschwinden. Können wir aber keinen Grund dafür erkennen, oder sind Stimmungsänderungen ungewöhnlich heftig, oder halten sie auffallend lange an, dann taucht die Frage auf, ob eine solche »unnormale« Verstimmung krankhaft ist, ob dahinter eine Krankheit steckt.

Die krankhaft niedergedrückte Stimmung heißt in der psychiatrischen Fachsprache Depression. Wenn sie durch eine seelische Belastung verursacht wird bzw. als Reaktion auf eine bestimmte Lebenssituation oder ein Erlebnis auftritt, spricht man von einer *reaktiven Depression*. Tritt sie ohne erkennbaren Anlaß auf, nennt man sie *endogene Depression* oder *Melancholie*. Die krankhaft gehobene Stimmung heißt in der Fachsprache *Manie*.

Während Freude und Leid zu den normalen menschlichen Gefühlen zählen, gehören Manie und Depression zu den psychischen Erkrankungen oder genauer zu den Gemütskrankheiten (auch affektive psychische Krankheiten). Depressionen treten wesentlich häufiger auf als Manien.

Schwere und Dauer psychischer Erkrankungen

Wenn man sagt, jemand sei geisteskrank, dann glauben die meisten, daß er den Verstand oder das Urteilsvermögen für *immer* verloren hat. Glücklicherweise trifft dies eher selten zu. Noch viel seltener büßt der Kranke seinen Verstand und seine seelischen Fähigkeiten *vollständig* ein. Praktisch nie tritt dies ein, wenn es sich um eine reine Depression oder um eine Manie handelt. Depression und Manie sind vorübergehende Gemütskrankheiten, weil die Krankheitsepisoden nahezu immer wieder aufhören. Sie gehören zur Erkrankungsgruppe der *affektiven Psychosen*. Als *Psychose* bezeichnet der Psychiater seelische Erkrankungen, die die Beziehung des betroffenen Menschen zur Wirklichkeit tiefgreifend beeinträchtigen. Der psychotisch Kranke *kann* die Welt – oder auch sich selbst – *nicht* so wahrnehmen, wie sie – oder er – tatsächlich sind, oder er *kann* sich ihr gegenüber *nicht* angemessen verhalten.

Depression und Manie müssen nicht immer intensiv ausgeprägt sein. Umgekehrt sind reaktive Depressionen keineswegs nur milde Depressionen oder immer von kurzer Dauer.

Manisch-depressive Krankheiten

Dieses Buch behandelt in erster Linie Depressionen und ihr gegensätzliches Erscheinungsbild, die Manien. Manche Menschen erleiden während ihres Lebens nur depressive, andere sowohl depressive als auch manische Episoden. Bei letzteren spricht man auch von manisch-depressiver Krankheit, auch *bipolare affektive Psychose* genannt (siehe dazu auch die Fallgeschichte auf S. 115 – »Zwangsmaßnahmen«).

Verstehen wir einander?

Es ist für einen Menschen schon schwer genug, tiefgehende Gemütskrisen zu durchleben; aber noch schwerer ist es, eine Veränderung der eigenen gefühlsmäßigen Einstellung gegenüber allem und jedem zu verspüren, ohne daß man weiß warum – und vor allem, ohne aus eigener Kraft etwas dagegen unternehmen zu können.

Es ist auch sehr schwer, mit jemandem zusammenzuleben, der an solchen Veränderungen von Stimmung und Gefühl leidet. Man will gerne helfen, aber wie?

Selbst die Bezeichnung »Patient« ist problematisch. Charakteristisch für manisch-depressive Krankheiten ist ja gerade, daß der Betroffene zwar während einer Depression oder einer Manie sich selbst als krank erlebt oder – häufiger – von anderen als eindeutig krank erkannt wird und deshalb in der Regel auch bei einem Arzt als »Patient« in Behandlung ist, sich aber außerhalb dieser Krankheitsepisoden oder -phasen für lange Zeit, bei einigen für viele Jahre, gesund fühlt und (normal) verhält. Wenn solche Menschen dazu neigen, wieder zu erkranken und deshalb eine fortlaufende Betreuung durch den Arzt zur Vermeidung neuer Krankheitsepisoden erforderlich ist, finden wir die Bezeichnung »Patient« richtig. An manchen Stellen dieses Buches wird davon gesprochen.

Ein anderes Problem betrifft den Ausdruck »Angehörige«. Es können Vater oder Mutter, Schwester oder Bruder, Sohn oder Tochter sein. Aber häufig ist es auch jemand, mit dem man zusammenlebt, der Ehepartner oder jemand, mit dem man eine langjährige Beziehung hat. Wir sprechen der Einfachheit halber von Ehepartner (Partner) – ohne Rücksicht darauf, wie die juristische Form ihres Zusammenlebens ist.

Wenn das Buch sich nur an Kranke richten würde, hätten wir »Sie« oder »Du« schreiben können. Für Angehörige allein hätten wir von »er« oder »sie« sprechen können. Statt dessen ziehen wir »man« vor. Das wirkt vielleicht kühl und distanziert, aber »man«

bedeutet ja »Mensch«, und dieses Buch beschäftigt sich damit, was mit einem Menschen stimmungsmäßig geschehen kann. Niemand weiß, ob eines Tages nicht Dir oder mir oder einem nahestehenden Angehörigen etwas Ähnliches zustoßen kann.

Was steht alles in diesem Buch?

Zunächst werden Erscheinungen (Symptome) und Dauer der Depression behandelt sowie weiterhin, wie Depressionen sich von anderen »depressiven Zuständen« und auch von Trauer und Kummer unterscheidet (das Wort »Depression« wird fälschlicherweise viel zu häufig dazu gebraucht, um alle möglichen nichtkrankhaften seelischen Verfassungen zu beschreiben, von der allgemeinen Mißbefindlichkeit und Angst unserer Zeit bis hin zu gewöhnlichen Widrigkeiten, die man im nächsten Augenblick wieder vergessen hat). Anschließend werden Erscheinungen und Dauer der Manie dargestellt.

Häufige und wichtige Fragen wie »Haben Erbanlagen einen Einfluß?«, »Wie verlaufen manisch-depressive Erkrankungen während eines Lebens?« werden im nächsten Kapitel beantwortet.

Die eigene Haltung zur Behandlung und Vorbeugung ist von wesentlicher Bedeutung für einen Erfolg. Aus diesem Grunde erscheint uns eine ausführliche Beschreibung von Vor- und Nachteilen angezeigt, sowohl bei der Behandlung der Depression und der Manie als auch bei der Vorbeugung von Depression und Manie.

Dann gehen wir auf den Kranken in seiner Familie, sein Verhältnis zum Arzt und seine Stellung in der Gesellschaft ein. An dieser Stelle werden vor allem Informationen gegeben, die den Betroffenen oft nicht leicht zugänglich sind, wenn soziale oder auch juristische Probleme als Folge von manischen oder depressiven Zuständen auftreten.

In weiten Teilen ist dieses Buch eine Darstellung der ärztlichen Möglichkeiten zur Behandlung und Vorbeugung depressiver und manischer Erkrankungen. Im abschließenden Kapitel wird die Diskussion der Problematik in einem größeren Zusammenhang versucht. Dieses Kapitel haben wir »Schicksal und Wille« genannt.

Somit handelt dieses Buch davon, was wir über die Krankheiten Depression und Manie sagen können und – in ebenso hohem Maße – was Patienten und Angehörige uns darüber gelehrt haben.

Wie äußert sich eine Depression?

In diesem Kapitel gehen wir zunächst darauf ein, mit welchen Erscheinungen (Symptomen) sich eine Depression zeigen kann.

Niedergeschlagenheit

Alles ist grau in grau oder schwarz in schwarz. Es gibt nichts, worüber man sich freuen kann, die Stimmung ist niedergedrückt. Dinge, die einem sonst Spaß gemacht haben, interessieren einen nicht mehr. Man kann es nicht abschütteln. Egal, wie oft man sagt »Nimm dich zusammen«, es hilft nicht. Angst steigt auf, ohne einen Grund. Man empfindet nichts für irgend etwas, nicht einmal für die nächsten Angehörigen. Das aufmunternde Lächeln der Familie tut weh. Angehörige schlagen vor, ins Kino zu gehen, einen Sonntagsausflug zu machen, Bekannte und Freunde zu sehen, aber nichts schafft Erleichterung.

Schlafstörungen und fehlende Initiative

Man hat Schwierigkeiten einzuschlafen oder schläft mit Unterbrechungen. Allgemein wacht man früher als gewohnt auf, schon um 3, 4 oder 5 Uhr, und fühlt sich schlecht. Körperlich fühlt man sich müde und unwohl. Man hat nicht wie gewöhnlich seinen Appetit; nichts schmeckt, weder Essen noch Trinken. Der Mund ist trocken, der Darm arbeitet träger als sonst. Auch ist alles Interesse für das Sexuelle geschwunden. Man wird mit der Arbeit nicht fertig. Selbst die einfachsten Dinge wirken unüberwindlich. Es strengt sogar an, eine Zeitung zu lesen oder fernzusehen. Einfaches Kopfrechnen fällt einem schwer. Man vergißt die Dinge des Alltags, oder man weiß nicht mehr, wie man sie zu erledigen hat. Unentschlossen schiebt man alle Entscheidungen vor sich her und grübelt immer wieder über die gleichen Dinge nach, der Wille reicht nicht aus.

Schuld- und Minderwertigkeitsgefühle

Vielleicht am schlimmsten ist das Gefühl, daß man zu nichts taugt, daß man seine Arbeit nicht mit der notwendigen Sorgfalt ausführt, daß man seine Familie vernachlässigt. Bei einer schweren Depression ist man voller Selbstvorwürfe, die sich auf längst vergangene Ereignisse beziehen können, Ereignisse, die nur einen selbst veranlaßt hatten, sich darüber zu schämen, oder auch Handlungen, die andere damals ebenfalls abwertend beurteilten. Das Ganze ist aber bereits bei allen anderen in Vergessenheit geraten, auch bei einem selbst, bis es jetzt wieder auftaucht. Man fühlt sich schuldig, nicht nur wegen vergangener Taten, sondern auch an gegenwärtigen Ereignissen und manchmal sogar an zukünftig befürchtetem Unheil.

Manchmal glaubt man, das beste sei zu sterben. Daß man selbst etwas dazu tun müßte. Wohl alle Menschen haben im Laufe dieses Lebens irgendwann einmal diesen Gedanken, aber jetzt erscheint er als ganz selbstverständlich – und vielleicht unwiderstehlich. Vielleicht ist sogar der Gedanke flüchtig aufgetaucht, wie man es anstellen könnte.

Wie man sich bei einer Depression noch fühlen kann

Man kann auch andere sonderbare Dinge fühlen oder denken, die einen selbst oder andere gar nicht an eine Depression denken lassen. Wir erwähnten bereits, daß man sich elend oder unbrauchbar fühlen oder auch den Gedanken haben kann, daß es am besten sei, von dieser Erde zu verschwinden. Aber man kann auch meinen, daß die anderen über die eigene Unfähigkeit reden oder sich gar gegen einen verschwören. Manche hören auch Stimmen, die zu ihnen über ihre behaupteten Untaten sprechen.

Oder man bekommt vielleicht Befürchtungen, daß man selbst oder die Nahestehenden unheilbar krank oder sonstwie in Gefahr sind. Die Furcht vor Krankheit kann in verschiedenen Formen auftreten. Wenn man in Verbindung mit einer Depression an schlechtem Appetit oder Verstopfung leidet, glaubt man vielleicht, Magenkrebs zu haben. Sehr häufig nimmt man während einer Depression mehrere Kilo ab, was nicht bedeutet, daß man an einer körperlichen Erkrankung leidet. Kopfschmerzen, die man sonst mit einigen gewöhnlichen Kopfschmerztabletten behandelt, erscheinen einem so unerträglich, daß man an eine ernste Hirnerkrankung glaubt. Dem Arzt hingegen, der einem nach genauer körperlicher Untersuchung sagt, daß keine körperliche Krankheit, sondern eine seelische Krankheit, eben eine Depression, vorliegt, kann man nicht glauben.

Oder es entwickelt sich die Überzeugung, daß man die Miete oder die Lebensmittel nicht mehr bezahlen oder daß die Krankenkasse die Kosten der Behandlung gar nicht übernehmen könne. Auch die Belege über die bezahlte Miete oder die Kostenübernahmeerklärung der Krankenkasse vermögen manchmal nicht, den Kranken aus seiner unbegründeten krankhaften Überzeugung zu lösen.

Wechselt die Symptomatik während einer Depression?

Die Depression stellt sich oft mit einem charakteristischen Tagesverlauf dar. Der Depressive wacht am Morgen früher als gewöhnlich auf und fühlt sich sehr schlecht: »Morgenqual« oder »Morgentief«. Es erscheint ihm fast aussichtslos, den langen Tag mit allen Pflichten zu überstehen. Aber bei einer nicht allzu tiefen Depression merkt er gegen Abend einen Lichtschimmer. Am nächsten Morgen wacht er jedoch wiederum zu früh und mit der gleichen Qual und Hoffnungslosigkeit auf.

Bei einigen bemerkt man eine deutliche »Tagesschwankung« mit »Morgentief« und abendlicher Besserung nur am Anfang und gegen Ende einer depressiven Phase, während die tiefste Depression überhaupt keinen Hoffnungsschimmer, auch nicht gegen Abend, übrigläßt.

Fallbericht

Eine depressive Patientin berichtet

Eine 23jährige Lehramtsstudentin für Deutsch stellte uns Auszüge aus ihrem Tagebuch zur Verfügung. Darin beschrieb sie, wie sie sich während ihrer Depression fühlte. Es handelte sich um die erste depressive Episode in ihrem Leben. Die folgende Tagebucheintragung entstand etwa vier Monate nach dem Auftreten der ersten Symptome Anfang Januar:

Jetzt sitze ich an meinem Schreibtisch und starre vor mich hin. Innerhalb von 6 Stunden nur wenige Zeilen für die Hausarbeit geschafft. Dumpf…, all das, was ich machen müßte, kommt nicht an mich heran. Ich schreibe mechanisch und habe kaum mehr ein Gefühl für mich selbst, für Kopf und Körper. Straßenlärm, Krachen der Wohnungstür des Nachbarn – Nachrichten aus der Außenwelt, die ich fast nicht mehr wahrnehme, weil die Innenwelt tosend verrückt spielt. Langsam vergesse ich, wie ich vorher war. Ich habe kaum noch ein Zeitgefühl. Heute war Sonnenschein, das habe ich noch gesehen. Konnte ich mich aber daran erfreuen? Bedingt. Heute früh eine gesellschaftliche Verpflichtung, zu der ich mich hingequält habe, gleich danach aber sofort weg, keine Unterhaltung – Blick über meinem Schreibtisch. Ich muß so vielen zurückschreiben, wieder Lust zum Reden bekommen, wieder Ideen haben… Wie soll ich bloß dieser Lähmung und Angst entkommen? Diese Unkonzentriertheit, die mich alles falsch machen und selbst die einfachsten Lebensvorgänge zur Tortur werden läßt? Ich müßte mit Menschen telefonieren, statt dessen will ich nur ins Bett. Gestern auf der Geburtstagsfeier eines Freundes war es wie im Alptraum: Ich konnte nichts sagen, fühlte alle Blicke (kritisch?) auf mir ruhen, wollte mich am liebsten unsichtbar machen und nicht störend sein. Gleichzeitig wäre ich so gerne sprühende Gesprächspartnerin wie früher gewesen. Aber ich traue mich ja nicht, mitzureden – ich habe keine Ahnung (mehr) von gesellschaftlichen Themen. Habe von der ganzen frohen Alltagswelt keine Ahnung mehr, statt dessen nur innere Gleichgültigkeit und staubiges Grau und immer wieder das innere Selbstgespräch: Du kannst nichts, du bist lebensuntüchtig, geh weg, am besten den anderen aus dem Weg. Versuche des inneren Zusammenreißens folgen: Sei dir was wert; wisse, was du willst, finde zum energiereichen Menschen zurück, der du mal warst. Erfülle die täglichen Verpflichtungen oder laufe weg – aber wohin?

Ich würde so gern mal aus meiner Haut schlüpfen und in die Glückliche, die ich noch vor einem halben Jahr war, hineinkriechen – zum Erholen, zum Wissen, wer ich doch eigentlich noch bin und auch wieder sein kann. Ich habe mich heute mal im Spiegel angeschaut, sehe schlecht aus. Vier Monate ohne viel lächeln machen ein Gesicht häßlich und erschöpft, resigniert. Aber ich bin selbst Schuld, daß ich es mir nicht wieder schön mache. Am merkwürdigsten sind die Gedanken, am besten nicht mehr da zu sein, denn dann wäre alles um so vieles leichter. Ich habe so wenig Strahlen aus der Zukunft, die mich wärmen könnten. Es ist ein schreckliches, nicht strukturiertes sich von Tag zu Tag schieben; von Minute zu Minute. Mit der innerlichen Anklage, nicht das Geringste zu schaffen, mit der inwendigen Bitte, am liebsten niemanden zu begegnen, der nachfragt.

Denn alle Menschen entgleiten mir, ich entziehe mich ihnen, stoße sie von mir weg, obwohl oder weil ich sie so dringend bräuchte. Nirgends mehr tiefe Allverbundenheit, überall auf der Durchreise, nein, auf der Flucht ist wohl der bessere Ausdruck. Wie kann ich meinen Selbsthaß in Selbstliebe umformen? Wie komme ich aus der dunklen Tränenwüste ohne Trauergrund zurück zur Quelle der Lebensfreude?

Wenige Tage nach dieser Tagebucheintragung wandte sich die Patientin erstmals an uns. Nach anfänglicher großer Skepsis gegenüber einer medikamentösen Behandlung, war sie schließlich bereit, ein Antidepressivum einzunehmen. Bald nach Beginn der medikamentösen Behandlung schrieb sie im Mai in ihr Tagebuch:

Zwei gute Wochen nehme ich nun schon die Medikamente. Mein »Zustand« ist stabiler geworden. Ich hatte keinen einzigen Heulzusammenbruch mehr. Die Beklemmungsgefühle sind nur noch ansatzweise da. Ich habe mein Zimmer umgeräumt und fühle mich in ihm nicht mehr beengt, kann das Alleinsein in ihm sogar genießen, lese wieder aufmerksamer, gehe ruhiger durch die Frühlingsstraßen, kann Düfte und Blüten und Farben des Frühlings wahrnehmen, den der Mai endlich gebracht hat. Habe nicht mehr so große Angst vor Menschen, bin gesprächsbereiter und auch fähiger. Dennoch brauche ich immer noch viel Schlaf, wache jetzt ein- bis zweimal in der Nacht auf, will morgens noch im Bett liegen bleiben. Aber ich freue mich, daß ich die Medikamente so gut vertrage und sich eine Besserung abzuzeichnen beginnt.

Eine weitere Woche später schrieb sie ihrer Schwester:

Mir geht es deutlich besser; ich habe weniger Angst vor der Begegnung mit Menschen. Ich bin ruhig und fühle mich wie auf Urlaub vor mir selbst. Vor dem Selbst, das mich fünf Monate seelisch geknebelt und verunsichert hat. Aber – und das wünsche ich mir so sehnlichst – vielleicht bin ich ja nicht auf Urlaub, sondern auf dem Heimweg, auf der Heimkehr zu mir selbst. Ich bin deswegen aber noch lange nicht übersprudelnd, schlagfertig oder kreativ wie sonst – aber ich bin weniger gelähmt – ich kann atmen und sein, sein wie ich bin und kann, auch manches sein lassen, sein lassen so wie es ist oder es sogar aufgeben, weil es nicht mehr zu mir paßt.

Nach einer fünfwöchigen Behandlung mit einem Antidepressivum waren sämtliche Erscheinungen und Beschwerden der Patientin verschwunden. Im Anschluß daran kam es für 2 Wochen zu einer sogenannten »hypomanen Nachschwankung" (siehe S. 79 f.). Die Patientin war wie aufgedreht, sie redete sehr viel, sprühte vor Energie und Zukunftsplänen und schlief nachts kaum noch.

Verschiedene Formen der Depression

Bisher wurden wesentliche Züge der Depression beschrieben. Depressionen lassen sich folgendermaßen einteilen:

(Endogene) Depression = Melancholie

- ohne erkennbare Ursache,
- provoziert durch psychische Konflikte oder Belastungen,
- provoziert durch körperliche Erkrankung oder durch Einfluß von Hormonen und Arzneimitteln; stehen diese Ursachen im Vordergrund, dann spricht man von körperlich begründbaren oder somatogenen Depressionen.

Reaktive Depression

- Depression nach schwerer seelischer Belastung (= depressive Reaktion),
- Depression bei anhaltender seelischer Belastung (= depressive Entwicklung), aber es muß auch erwähnt werden, daß
- Neurosen depressive Züge haben können (= depressive Neurose).

Depressionen können auch in anderen besonderen Lebenslagen auftreten. So sprechen wir von der **Wochenbettdepression**, wenn die depressive Erkrankung erstmals in den ersten Wochen nach einer Entbindung beginnt. Unter einer **Involutionsdepression** verstehen wir bei der Frau eine Depression, die durch das erstmalige Auftreten während des Klimakteriums gekennzeichnet ist. Als **Altersdepression** oder auch **Depression im Senium** bezeichnet man eine Depression, die bei älteren Menschen nach dem 65. Lebensjahr in Erscheinung tritt.

Und, um es noch einmal zu wiederholen, keineswegs jede traurige Verstimmung, Niedergeschlagenheit oder Mißbefindlichkeit ist eine Depression. Am Beispiel der Trauer soll dies verdeutlicht werden.

Trauer ist keine Depression

Man trauert, wenn man jemanden verloren hat, den man geliebt hat, den man mochte. Dies ist eine ganz normale und natürliche Erfahrung und Teil unseres Lebens. Auch aus diesem Grunde haben wir ein bestimmtes Wort für diesen Zustand – eines, das uns allen sagen soll, daß das etwas anderes ist als deprimiert zu sein. Die Trauerursache ist für uns alle leicht verständlich, und es ist bezeichnend, daß der Trauernde ein normales Urteilsvermögen für alles hat, was nicht in direktem Zusammenhang mit der Trauerursache steht. Es gibt somit eine weitgehende Übereinstimmung zwischen der Reaktion des Trauernden und der Situationsbeurteilung der Umgebung. Im Gegensatz hierzu steht die Depression, bei der das eigene Urteilsvermögen insgesamt verändert ist, bei der die Umgebung die Situation ganz anders beurteilt und bei der man sogar selbst die Ursache nicht kennt.

Mit der Zeit nimmt die Trauer ab. Ein altes Wort sagt: »Die Zeit heilt alle Wunden«. Familie und Freunde merken es.

Hilfe bei Trauer

Was kann man tun, um dem Trauernden zu helfen? Vor allen Dingen, den Trauernden sich nicht selbst überlassen. Auch wenn der Betroffene allein zu bleiben wünscht, so kann doch jeder in dieser Situation ein Gespräch gebrauchen, mit der Familie, mit guten Freunden, vorzugsweise mit jemandem, der auch den Verstorbenen gekannt hat. Es ist gut, über alles zu sprechen, bis auch die guten Erinnerungen hervorkommen. Dadurch, daß man über alles spricht, hilft man dem Trauernden, aus der Lähmung und der Versteinerung der ersten Zeit nach dem Verlust herauszukommen. Man muß sich aus der Trauer heraus – oder durch die Trauer hindurcharbeiten, und das geschieht am besten durch das Gespräch mit anderen.

Gelingt dem Betroffenen diese »Trauerarbeit« nicht, bleibt er ungewöhnlich lange in der Trauer stecken, oder wird die Traurigkeit so schwer, daß der Betroffene sich gefährdet, sich um nichts mehr kümmert, die Arbeit nicht wieder aufnimmt, nichts mehr ißt oder sich mit Selbstmordgedanken trägt, dann muß man sich fragen, ob hier eine normale seelische Reaktion »entgleist« und »Krankheitswert« annimmt, so daß ein Arzt zugezogen und vielleicht eine Behandlung durchgeführt werden sollte. Man spricht dann auch von

Depression nach schwerer seelischer Belastung (= depressive Reaktion)

Die Gründe dafür, daß man nicht mehr aus eigener Kraft aus der Trauer herauskommt oder daß sie einen durch ihre Intensität gefährdet, können vielfältig sein. Meist ist in so einem Fall die seelische Widerstandskraft zu gering:

- Die seelische Widerstandskraft kann z.B. durch eine ohnehin schon schwierige Lebenssituation geschwächt sein, in der ein Todesfall jemanden dann besonders trifft (depressive Reaktion).
- Wenn sich Enttäuschungen und Mißerfolge aneinanderreihen, die seelische Belastung also längere Zeit anhält, kann eine seelische Erschöpfung eintreten (depressive Entwicklung).
- Vielleicht ist man schon früher mit einem gefühlsmäßig gleichen Erlebnis nicht richtig fertig geworden und hat deshalb auch keine Widerstandskraft entwickelt. Oder man hat eine ungeeignete Reaktion auf dieses Erlebnis »gelernt« (depressive Neurose).
- Es könnte auch sein, daß anlagebedingt die eigene seelische Widerstandskraft (phasenweise) nachläßt.

Charakteristisch für eine solche Depression ist das Fehlen von Selbstvorwürfen, das »Sich-selbst-Erniedrigen«. In der Regel besteht ein eindeutiger Zusammenhang zwischen erkennbarer Ursache und Depression.

»Nach der Kündigung wurde ich depressiv«

Ein 54jähriger Betriebsleiter erhielt eines Tages per Einschreiben ein Kündigungsschreiben seiner Firma, in der er über 20 Jahre tätig war. Die Kündigung kam für ihn völlig unerwartet während einer Urlaubsreise. Sie wurde ohne große Begründung innerhalb von drei Monaten ausgesprochen, da die Firma liquidiert werden sollte. Ihm war zwar bekannt, daß sich die Firma in finanziellen Schwierigkeiten befand, von Liquidation war aber ihm gegenüber nicht die Rede gewesen. Anfangs hoffte er noch, er könne gegen die Kündigung Widerspruch einlegen, was sich jedoch nach einem Gespräch mit einem befreundeten Rechtsanwalt als wenig erfolgversprechend herausstellte. Wenige Tage, nachdem dies bekannt wurde, machte er sich plötzlich große Sorgen um die Zukunft. Er geriet immer mehr ins Grübeln, wurde innerlich unruhig und konnte kaum noch schlafen. Morgens erwachte er früh und sah einen Berg von anscheinend unlösbaren Problemen vor sich. Er fragte sich immer wieder, ob er in seinem Alter noch einmal einen Arbeitsplatz bekommen würde, wie er den Bankkredit für die noch nicht ganz abgezahlte Eigentumswohnung und das Studium der Tochter weiter finanzieren könne. Schon früh morgens raste sein Herz, und er konnte den Herzschlag bis in den Hals spüren. Seine Hände waren schweißgebadet, er fühlte sich innerlich angespannt und sehr nervös. Die Unruhe war so stark, daß er ständig auf und ab ging, dabei grübelte, jedoch ohne daß sich eine Lösung der Probleme abzeichnete. Anfangs dachte er noch, er müsse seine Probleme selbst lösen, da er dies bislang in seinem Leben immer gewohnt war. Nach vier qualvollen Wochen voller Unruhe und Zukunftängsten begab er sich schließlich in ärztliche Behandlung, nachdem ihm ein Vermittler des Arbeitsamtes diesen Rat gegeben hatte.

Als Beispiel kann man die Depression anführen, die man in Ländern ohne Möglichkeit zu einer legalen Schwangerschaftsunterbrechung bei Frauen beobachten kann, die eine Schwangerschaftsunterbrechung wünschen, aber nicht erhalten können. Oder der Zusammenbruch einer Ehe aufgrund ehelicher Untreue ist Anlaß zu einer derartigen Depression.

Depressive Reaktionen dauern in der Regel nur kurze Zeit und verschwinden wieder, wenn sich die Person aus der belastenden Situation befreit oder sich an die veränderten Lebensumstände gewöhnt hat. Halten die belastenden Lebensumstände an, dann können sich auch längerfristige Depressionen entwickeln, etwa in einer konfliktreichen Ehe mit einem alkoholkranken Ehepartner oder bei Flüchtlingen nach dem Verlust ihrer Heimat und ihrer Familie. Hier tritt eine Reaktion oft erst nach Ablauf der eigentlichen und dramatischen Ereignisse auf.

Neurosen mit depressiven Zügen

Mit Neurosen bezeichnet man eine Gruppe psychischer Erkrankungen, bei denen wir Symptome von wechselnder, aber fortdauernder Art während vieler Jahre finden. Dabei handelt es sich meist um Gefühle und Gedanken, die auch beim Gesunden vorkommen, aber dadurch zu Symptomen einer Störung werden, daß sie sich nicht mehr im Gleichgewicht mit anderen Gedanken und Gefühlen befinden, sondern sich vordrängen und das Verhalten des Kranken zu beherrschen beginnen und dadurch schließlich sein Leben behindern.

Die meisten Psychiater meinen, daß Neurosen durch ungelöste Konflikte verursacht werden, die – besonders nach psychoanalytischer Auffassung – bereits in der frühen Entwicklung des Menschen seine späteren Fähigkeiten, mit Konflikten angemessen umzugehen, prägen. Diese Konflikte wurzeln häufig in aggressiven oder sexuellen Triebkräften, die wir – zu Recht oder Unrecht – nicht zur Entfaltung kommen lassen. Wir müssen immer wieder das Gleichgewicht finden zwischen unserem Drang nach voller Lebensentfaltung und der Forderung unserer Umwelt nach einer gewissen Zurückhaltung. Während wir heranwachsen, versucht die Umwelt uns dies beizubringen. Wir haben Triebkräfte der Aggressivität und der Sexualität in uns, die der

Umgebung angepaßt werden müssen, da sonst das Miteinanderleben nicht zu ertragen wäre. Niemand erreicht dieses Gleichgewicht bis zur Vollkommenheit, einigen aber gelingt es weniger als anderen. Fehlendes Gleichgewicht wird als Mißbefindlichkeit, Verstimmung, Angst bemerkt. Es ist ein Teil der seelischen Selbstverteidigung, daß man nicht weiß, woher und warum diese Verstimmung kommt. Daß sie mit Lebensereignissen zusammenhängt, die von außen gesehen banal erscheinen, für diesen Menschen aber eine Wiederholung eines früheren konflikthaften Erlebnisses bedeuten, wird oft während einer Gesprächsbehandlung, einer Psychotherapie, klar.

So ergibt sich ein Muster von Störungen, das einen durch das Leben hindurch begleitet, manchmal mehr, manchmal weniger ausgeprägt. In schlechten Perioden fühlt sich mancher neurotische Mensch niedergedrückt und mutlos, aber es ist nicht die gleiche niedergedrückte Stimmung, die man in einer Depression erlebt. Wenn eine solche Niedergeschlagenheit, Mißmut und fehlende Lebensfreude vorherrschen, handelt es sich um eine Neurose mit depressiven Zügen.

Die meisten Erscheinungen der Neurose zeigen sich bereits im frühen Erwachsenenalter und lassen sich häufig und in groben Zügen bis ins Kindesalter zurückverfolgen. Im Laufe der Jahre schwächen sich die neurotischen Symptome häufig ab. Im Gegensatz dazu tritt die (endogene) Depression nicht selten erst im späteren Alter auf und wird im Laufe des Lebens häufiger und kräftiger.

Psychotherapie (= Behandlung mit psychischen Methoden, z.B. einer Folge von Gesprächen, die nach bestimmten Regeln geführt werden) kann in vielen Fällen bei neurotischen Symptomen helfen. Manche psychotherapeutischen Verfahren sind recht zeitraubend und können sehr anstrengend sein, wenn einige der verdrängten Probleme hervorkommen und die Verstimmung anwachsen lassen. Der Hausarzt oder ein Psychiater können beratend helfen, ob man eine Psychotherapie beginnen sollte. Viele lernen im Laufe der Zeit, mit ihren neurotischen Symptomen zu leben, und – wie erwähnt – schwächen sich diese oft im Laufe der Zeit ab.

Wie äußert sich eine Manie?

In diesem Kapitel behandeln wir die Erscheinungen (Symptome), mit denen sich eine Manie zeigen kann (siehe dazu auch die Fallgeschichte auf S. 115 – »Zwangsmaßnahmen«).

Gehobene Stimmung

Man fühlt sich voller Leben und energiegeladen. Man möchte fortlaufend erzählen; und es gibt auch so viel zu erzählen. Man ist spritzig und schlagfertig. Und die Umgebung hört zu. Der Partner merkt vielleicht, daß man »in einem Stück« redet und andere gar nicht zu Wort kommen läßt. Die Umgebung glaubt zu Anfang, daß man sehr gut aufgelegt ist und eine glänzende Stimmung hat, wie niemals zuvor.

Initiative und Drang zum Handeln

Selbst ein langer Arbeitstag ermüdet nicht. Es gibt so viel zu tun, sowohl am Arbeitsplatz als auch zu Hause. Am Arbeitsplatz tritt man mit Vorschlägen zu Veränderungen und Verbesserungen hervor. Sie können gut, aber auch eigenartig und übermütig sein. Trifft man auf Kritik oder Widerstand, wird man gereizt und schlägt einen Ton an, in dem man normalerweise nicht reden würde. Wenn Freunde vorschlagen, sich zu entspannen, werden diese aufgefordert, sich um ihren »eigenen Kram« zu kümmern. Zu Hause wird aufgeräumt, alles auf den Kopf gestellt und repariert; die Nacht wird zum Tag gemacht. Man kauft mehr ein als sonst: Frauen oft Kleidung, farbiger und festlicher als gewöhnlich; Männer oft Hobbywerkzeuge oder Spielzeug, gelegentlich aber auch Autos, Boote und Häuser, Reisen. Man macht mit leichter Hand Schulden.

Die Familie wird sehr bald all dieser Aktivitäten müde; man sagt sich eine Menge »Wahrheiten«, die heftig und wild diskutiert werden. Alle erwarten voller Sorge, was man als nächstes anstellen wird.

Der Appetit ist hervorragend, und man fühlt sich körperlich in Höchstform. Das Schlafbedürfnis ist weniger ausgeprägt, nach nur wenigen Stunden fühlt man sich wieder völlig frisch. Vielleicht gibt es Nächte, in denen man praktisch gar nicht schläft, ohne am nächsten Tag müde zu sein.

Selbstsicherheit und Selbstüberschätzung

In einer manischen Phase fühlt man sich viel selbstsicherer als sonst. Vielleicht drückt sich das in einer festeren Stimme aus, vielleicht steckt auch in den Worten mehr Überzeugungskraft. Aber es kann auch ein Gefühl von sehr großer Einsicht, Originalität und Schaffenskraft sein. Man traut sich (zu) viel zu. Man weiß alles besser, und die anderen wirken so dumm und einfältig. Aber tatsächlich können Kritikfähigkeit und Rücksichtnahme nachlassen. Nur selten wird das von anderen geschätzt, und man kann es später oft selbst nicht verstehen.

Man fühlt sich häufig in erotischer Hinsicht mehr angeregt und sexuell mehr aufgelegt als gewöhnlich. Gelegentlich kommt es vor, daß man sich vom Partner trennen möchte und ein »Abenteuer« sucht. Viele sind in der Wahl eines neuen Partners weniger kritisch und mehr impulsiv.

Hier wollen wir noch einige Bemerkungen zur Verliebtheit machen, gerade um diese natürliche Art der gehobenen Stimmung in die richtige Perspektive zu rücken! Der Gefühlsüberschwang gilt nur dem Geliebten und was dazu gehört, beeinflußt aber nicht das Urteilsvermögen allem anderen gegenüber. Dadurch unterscheidet sich der besondere Zustand des Verliebtseins vom krankhaften Zustand der Manie.

Wie kann man sich bei einer Manie noch fühlen?

Wir erwähnten bereits, daß eine manische Erkrankung zu Gereiztheit führen kann, wenn andere den eigenen Plänen nicht folgen. Und vielleicht hat man sogar den Eindruck, daß die anderen einen mit Gewalt zurückhalten wollen; ja sogar verfolgen oder einsperren. Man glaubt, daß ihre Sprache oder ihr Verhalten eine verdeckte Bedeutung haben, und darüber wird man ärgerlich, sogar böse. Man will sie dazu bringen, mit der Wahrheit herauszurücken. Bei entsprechender Veranlagung kann man sogar gewalttätig werden und um sich schlagen. Die Kinder und der Partner können vor einem Angst bekommen. Man bekommt zu hören, daß man sich nicht am Arbeitsplatz sehen lassen soll, bevor man nicht beim Arzt gewesen sei und eine beruhigende Behandlung bekommen hat. Aber als Maniker fühlt man sich überhaupt nicht krank, und die Vorhaltungen der anderen machen einen nur noch rasender.

Wechselt die Symptomatik während einer manischen Episode?

Bei einer Manie gibt es keine klare Tagesschwankung wie bei der Depression mit »Morgentief« und abendlicher Besserung. Wenn es überhaupt etwas Charakteristisches in dieser Beziehung gibt, so ist es die hartnäckige Schlaflosigkeit, die allen Schlafmitteln und auch dem Alkohol widersteht.

Was kann es sonst noch sein?

Unbegründete und ungewöhnliche Aufheiterungen sowie Tätigkeitsdrang über Stunden oder Tage hinweg sind fast immer eindeutige Zeichen einer Manie. Für eine Depression findet man selbst und auch die Umgebung viele vernünftige und plausible

Erklärungen, nicht aber bei einer Manie. Der große Gewinn im Lotto löst möglicherweise eine ekstatische Freude aus, aber bald danach kommen die Probleme wieder, und es sieht nicht mehr so rosig aus. In Ausnahmefällen kann aber eine Phase der ungewöhnlich gehobenen Stimmung auch durch psychische Gründe oder körperliche Erkrankungen ausgelöst werden.

Kann man zugleich depressiv und manisch sein?

Ab und zu sieht man sowohl manische als auch depressive Züge bei dem gleichen Menschen zur (fast) gleichen Zeit. In einem Augenblick singt man aus vollem Halse, und wenig später sitzt man tiefverzweifelt da. Umgekehrt kann auch eine Depression direkt in eine Manie übergehen. Wenn aber sichtbare Zeichen von beiden Zuständen zugleich während mehrerer Tage oder Wochen vorkommen, bezeichnet man dies als *(affektiven) Mischzustand.*

Verlauf und Veranlagung

Wie lange dauern depressive und manische Episoden?

Unbehandelt dauert die *Depression* in der Regel drei bis sechs Monate mit erheblichen Abweichungen. In gar nicht so seltenen Fällen dauert sie nur wenige Tage bis Wochen, in selteneren Fällen bis zu mehreren Jahren. Die Dauer läßt sich fast nie voraussagen. Durch die Behandlung läßt sich die Depression oft auf ein bis drei Monate verkürzen oder zumindest abschwächen (siehe auch S. 37 f.). Sie klingt fast nie stetig und selten plötzlich, sondern überwiegend wellenförmig ab.

Die unbehandelte *Manie* dauert im Durchschnitt weniger lang als die unbehandelte Depression, in der Regel zwei bis vier Monate, aber wiederum mit sehr großen Schwankungen. Die behandelte Manie dauert in der Regel 2 bis 6 Wochen.

Gibt es verschiedenartige Verläufe?

Ja, die gibt es. Zuerst muß unterschieden werden zwischen einem Verlauf, bei dem nur Depressionen (oder – sehr selten – nur Manien) beobachtet werden, und einem Verlauf, bei dem sowohl Depressionen als auch Manien auftreten. Der erste Typ wird »unipolar«, der andere »bipolar« genannt. Zwischen ihnen gibt es Unterschiede sowohl im durchschnittlichen Lebensalter bei Krankheitsbeginn als auch in der Anzahl von Krankheitsepisoden und in der Häufigkeit bei beiden Geschlechtern.

Der bipolare Verlauf umfaßt durchschnittlich mehr Krankheitsepisoden als der unipolare und beginnt häufig früher: der bipolare im Alter von 20 bis 30 Jahren, der unipolare im Alter von 30 bis 50 Jahren.

Die meisten erleben nur einige wenige Episoden im Laufe ihres Lebens. Höchstens 10 bis 15 % der Kranken erleiden mehr als 10 Episoden. Bei dem unipolaren Verlauf sind Frauen in der Mehrzahl, während bei dem bipolaren Verlauf in etwa die gleiche Verteilung zwischen Männern und Frauen vorliegt.

Die Wahrscheinlichkeit, nach mehreren Depressionen noch eine Manie zu bekommen, beträgt nach drei Depressionen immerhin noch 15 %.

In seltenen Fällen können sich depressive und manische Episoden häufen oder im schnellen Wechsel aufeinander folgen, so daß das Leben dieser Kranken dadurch für längere Zeit schwerwiegend beeinträchtigt werden kann. Wichtig ist aber auch, daß die Zeit ihres Lebens, die die meisten Menschen mit Neigung zu manischen oder depressiven Stimmungsänderungen in Depression oder Manie verbringen, weniger als 10 % ihres gesamten Lebens umfaßt. In mehr als 90 % ihrer Tage sind sie wie wir alle.

Spielt Vererbung eine Rolle?

Ja, bis zu einem gewissen Grad. Die Wahrscheinlichkeit, an einer Depression und Manie zu erkranken, beträgt

- ca. 15 %, wenn in der Familie sowohl manische als auch depressive Episoden vorkommen.

Die Wahrscheinlichkeit, an einer Depression zu erkranken, beträgt

- ca. 10 %, wenn in der Familie jemand ausschließlich eine Melancholie gehabt hat.

Man erbt nicht die Krankheit selbst, wohl aber die Veranlagung, mit Depression oder mit Depression und Manie zu reagieren. Es handelt sich also um eine Neigung zu einer bestimmten Reaktionsweise. Man weiß nicht genau, was einen dazu bringt, in dieser Weise zu reagieren, aber man hat gewisse Vermutungen darüber.

Bisher sind aber die für diese Veranlagung verantwortlichen Gene nicht bekannt. Auch gibt es noch keine Tests, mit denen nachgewiesen werden könnte, ob man selbst diese Veranlagung hat.

Wie viele unter uns bekommen depressive oder manische Episoden?

Depressionen gehören zu den häufigsten Krankheiten überhaupt. Schätzungsweise 10 bis 20 % der Bevölkerung bekommen zu irgendeinem Zeitpunkt ihres Lebens eine depressive Episode, Frauen häufiger als Männer. Nur bei einem Bruchteil davon handelt es sich um eine ausgeprägte Depression oder – sehr viel seltener – eine Manie.

Wie viele Menschen eine entsprechende Veranlagung haben, die nicht zum Ausbruch kommt, wissen wir nicht. Wir wissen auch nicht, warum mehr Frauen als Männer davon betroffen werden. Es könnte vielleicht damit zusammenhängen, daß Hormonänderungen ab und zu Depressionen hervorrufen können, und Frauen haben ja größere Hormonänderungen während Schwangerschaft und Geburt und später im Klimakterium. Es könnte vielleicht auch damit zusammenhängen, daß die Männer seltener mit solchen Problemen zum Arzt gehen und statt dessen die Symptome eher mit Alkohol zu dämpfen versuchen.

Depression und Manie – können sie durch etwas ausgelöst oder provoziert werden?

In vielen Fällen treten Depression und Manie ohne erkennbare Ursachen auf. Aus diesem Grund hat man die Depression auch als »endogene Depression« bezeichnet (s. S. 22). Manchmal werden sie durch eine seelische Belastung ausgelöst, aber typisch ist, daß sie anschließend ihren eigenen Verlauf nehmen, unabhängig davon, ob die seelische Belastung andauert oder nicht.

In gleicher Weise können Depression oder Manie auch durch Infektionskrankheiten, Hormonstörungen oder Hormonpräparate sowie durch manche Medikamente ausgelöst werden. Ein bekanntes Beispiel hierfür ist die Erfahrung, daß die Geburt eines Kindes der Auslöser für eine depressive, seltener manische Erkrankung sein kann. Diese sogenannte *Wochenbettdepression* tritt manchmal bereits in den ersten Tagen nach der Niederkunft in Erscheinung. Körperlich-hormonelle Umstellungsvorgänge spielen dabei vermutlich eine große Rolle.

Jede Krankheit ist schwer zu ertragen, ganz besonders, wenn man zu Recht oder Unrecht um sein Leben bangt. Niedergeschlagenheit und Mutlosigkeit sind natürliche Reaktionen auf solchermaßen drohende Aussichten, doch wird eine Depression nur selten dadurch ausgelöst.

In der Zeit der Erholung nach verschiedenen körperlichen Erkrankungen (Rekonvaleszenzzeit) beobachtet man häufig Zustände, die von anhaltender Müdigkeit, Niedergeschlagenheit und mangelnder Initiative geprägt sind. Bei den Infektionskrankheiten sind Lungenentzündung, Lebererkrankungen, eine schwere Influenza-Grippe zu nennen. Eine schwere Gehirnerschütterung zieht oft eine länger andauernde Müdigkeit und Energielosigkeit nach sich. Unserer Meinung nach handelt es sich hier nicht um Depressionen, sondern um gewöhnliche Schwächezustände. In der Fachsprache heißen sie *Asthenien* (Asthenie = Kraftlosigkeit).

Es gibt keine sicheren Anhaltspunkte dafür, daß schlechte (oder gute) soziale Bedingungen einen ursächlichen Einfluß auf das Risiko ausüben, an einer Depression oder Manie zu erkranken.

Manchmal nimmt man an, daß eine seelische oder soziale Belastung erklären könnte, warum die Depression oder die Manie gerade jetzt und zu diesem Zeitpunkt zum Ausbruch kommt. Bei den Menschen, die während ihres Lebens verschiedene Phasen durchleben, glauben manche, den Ausbruch der ersten Phase(n) auf die eine oder andere Belastung zurückführen zu können. Wenn diese Phasen sich jedoch häufiger wiederholen – und sie

kehren manchmal sehr regelmäßig immer zur gleichen Jahres-
zeit wieder –, dann gerät man sehr schnell in Zweifel darüber, inwieweit das Auftreten der Phasen nun auf die Lebensumstände
zurückzuführen ist oder nicht. Eine Änderung der Lebensumstände ändert in der Regel nichts an der Häufigkeit des Auftre-
tens neuer Phasen, abgesehen von wenigen Ausnahmen. Beobachtungen sprechen aber dafür, daß in manchen Fällen ungün-
stige seelische oder soziale Konstellationen das Abklingen, das
Herauskommen aus der Depression behindern. Sie können dazu
beitragen, den Verlauf der depressiven Phase zu verlängern
(»chronifizieren«). Von *chronischer Depression* spricht man meist
dann, wenn die Depression trotz Behandlung länger als 2 Jahre
dauert. Daß dies keineswegs Unheilbarkeit bedeutet, geht aus
ärztlichen Erfahrungen mit Patienten hervor, deren depressive
Phase auch noch nach vieljähriger Dauer folgenlos wieder ver-
schwand.

Die Behandlung der Depression

Zur Behandlung der Depression und der Manie werden in erster Linie Arzneimittel eingesetzt. Schlafentzug und Elektrostimulation sind ebenfalls gegen Depressionen sehr wirksam, in bestimmten Fällen auch Lichttherapie. Auch zur Vorbeugung von Rückfällen werden Arzneimittel verwendet.

Psychotherapie ist im allgemeinen bei der Behandlung von manisch-depressiven Stimmungsänderungen ohne ausreichende Wirkung. Das soll natürlich nicht heißen, daß dem Patienten das Gespräch mit seinem Hausarzt oder seinem Psychiater nicht hilft. Das ärztliche Gespräch kann sehr wohl helfen, mit dem Kranksein besser fertig zu werden, aber nicht, um die Krankheit selbst zu beseitigen. In hohem Maße hat man ein Bedürfnis nach solch einem Gespräch, sowohl wenn man krank ist als auch, wenn man sich gesund fühlt. Wenn man depressiv ist, um zu erfahren, daß jemand an eine Besserung glaubt; wenn man gesund ist, um sich über seine vielleicht vorhandene Angst vor der Zukunft, seinen Widerwillen, regelmäßig zur Behandlungskontrolle gehen zu müssen und vieles mehr auszusprechen.

Arzneimittel, die bei Depressionen helfen: Antidepressiva

Depressionen werden am häufigsten mit Arzneimitteln behandelt. In der Fachsprache heißen die Medikamente, die man gegen Depressionen einsetzt, Antidepressiva.

In vielen Untersuchungen der letzten 40 Jahre wurde nachgewiesen, daß diese Antidepressiva bei 60 bis 80 % aller Depressionen wirksam sind. In welcher Weise sie allerdings wirken, weiß man bisher nicht mit Bestimmtheit. Es ist aber bekannt, daß sie auf die *Amine* wirken (das sind körpereigene Substanzen, die eine Botenfunktion zwischen den Nervenzellen haben), und man nimmt an, daß sie auf diese Weise die Depression beeinflussen. Man weiß also, *daß* die antidepressiven Medikamente wirken. Man weiß aber noch nicht sicher, *warum* sie wirken.

Man weiß schließlich auch, daß die erwünschte antidepressive Wirksamkeit erst nach zwei bis drei Wochen deutlich wird. Nach ein, zwei oder drei Wochen beginnen die Angehörigen vielleicht zu sagen, daß es einem besser geht. Selbst kann man noch nichts merken, und man hört ungläubig zu, was gesagt wird. Aber wenige Tage später merkt man vielleicht selbst eine leichte Besserung, zu Anfang nur gegen Abend. Es mag insgesamt ca. zwei Wochen dauern, bis man selbst eine Besserung verspürt.

Heute stehen uns eine Reihe von verschiedenen Antidepressiva zur Verfügung, die sich in ihrer Wirkung recht ähnlich sind; sie unterscheiden sich aber in ihren Nebenwirkungen. Sie werden nach ihrer biochemischen Wirkung an den Nervenzellen im Gehirn in verschiedene Gruppen eingeteilt. Welches Antidepressivum für den einzelnen ausgewählt wird, hängt von ganz verschiedenen Dingen ab, zum Beispiel, ob es bei dem jeweiligen Patienten schon positive Vorerfahrungen mit einem bestimmten Antidepressivum gab (dann würde man es wieder einsetzen) oder aber vom Alter und vom allgemeinen Gesundheitszustand des Patienten. Welches Medikament tatsächlich gewählt wird, wird der Arzt nach der Untersuchung und Befragung zur Krankheitsvorgeschichte des Patienten festlegen.

Die nachstehenden Antidepressiva-Tabletten (-Dragées/-Kapseln) kann man gegenwärtig auf Rezept in deutschen Apotheken erhalten. Die verschiedenen Antidepressiva-Gruppen werden auf den nächsten Seiten ausführlich besprochen.

● Tab. 1 Die verschiedenen Gruppen der Antidepressiva

Chemische Bezeichnung	Handelsbezeichnung	gewöhnliche Dosis (in mg)
1. Trizyklische Antidepressiva		
Amitriptylin	Saroten	100-200
Clomipramin	Anafranil	100-200
Dibenzepin	Noveril	240-480
Doxepin	Aponal, Sinquan	100-200
Imipramin	Tofranil	100-200
Lofepramin	Gamonil	100-200
Nortriptylin	Nortrilen	100-200
Trimipramin	Stangyl	100-200
2. Tetrazyklische Antidepressiva		
Maprotilin	Deprilept, Ludiomil	100-200
Mianserin	Tolvin	60-90
3. Serotonin-Wiederaufnahme-Hemmstoffe (SSRI)		
Citalopram	Cipramil	20
Fluoxetin	Fluctin	20
Fluvoxamin	Fevarin	100
Paroxetin	Seroxat, Tagonis	20
Sertralin	Zoloft	50-150
4. MAO-Hemmstoffe		
Moclobemid	Aurorix	150-300
Tranylcypromin	Jatrosom	10-30
5. Andere (neuere) Antidepressiva		
Mirtazapin	Remergil	15-30
Trazodon	Thombran	200-400
Venlafaxin	Trevilor	75-225

Trizyklische und tetrazyklische Antidepressiva

Die Gruppen der Antidepressiva, mit denen wir die längste Erfahrung haben, nämlich seit etwa 40 Jahren, heißen trizyklische und tetrazyklische Antidepressiva (zusammengefaßt als *zyklische Antidepressiva*). Sie werden so genannt, weil sie aus 3 (Tri) oder 4 (Tetra) chemischen Ringen aufgebaut sind. Wenn ihre Wirkung im Prinzip auch gleich ist, so variiert sie doch hinsichtlich des

Verhältnisses ihrer Hauptwirkungen – Stimmungsaufhellung, Aktivierung und Beruhigung – zueinander sowie hinsichtlich ihrer Nebenwirkungen.

Alle Antidepressiva, die wir heute kennen, brauchen zwei bis drei Wochen, bis ihre positive Wirkung bemerkt werden kann. Möglicherweise merkt man in den ersten Tagen nach Behandlungsbeginn lediglich eine bessere Nachtruhe. Ansonsten werden zunächst einmal nur unangenehme Nebenwirkungen verspürt: Mundtrockenheit, Schwindelanfälle, Verstopfung, Müdigkeit, Leseschwierigkeiten, verstärktes Schwitzen.

Die **Mundtrockenheit** besteht womöglich bereits genauso lange wie die Depression. Doch die meisten bemerken sie kaum, bevor nicht eine zusätzliche Trockenheit im Mund durch die antidepressiven Tabletten hervorgerufen wird, und das mag sehr lästig sein. Man hat Schwierigkeiten beim Sprechen und beim Schlucken der Speisen. Die einzige Möglichkeit, etwas dagegen zu tun, ist (zuckerfreies) Kaugummi zu kauen oder auch einen Pflaumenkern zu lutschen oder den Mund häufig mit kaltem Wasser auszuspülen.

Schwindelanfälle sind in der Regel nur problematisch bei Personen mittleren und höheren Alters. Das hängt mit einem leichten Abfallen des Blutdruckes zusammen, was an sich ganz harmlos ist. Es wird besonders bemerkt nach dem Aufstehen am Morgen oder wenn man sich aus einem Stuhl erhebt. Man merkt einen Moment, daß sich alles dreht, oder glaubt sogar, daß einem schwarz vor Augen wird. Doch das dauert nur einen kurzen Augenblick. In solchem Fall sollte man etwa eine Minute auf der Bettkante sitzen bleiben, bevor man sich vollständig erhebt.

Antidepressiva beeinflussen die Nervenverbindungen zu den Augen, dem Darm, der Blase und zu den Geschlechtsorganen. Es können sich daher **Schwierigkeiten beim Lesen** einstellen, indem die Schrift undeutlich wird oder verschwimmt. Während einer Depression beobachtet man häufig eine **Verstopfung**, die durch Antidepressiva verstärkt werden kann. Ebenso können bei älteren Männern **Schwierigkeiten beim Wasserlassen** auftreten. Bei anderen wiederum kann ein leichtes **Zittern** der Hände beobachtet werden. **Müdigkeit** kann den Schlaf fördern und deshalb als angenehm empfunden werden, manche erleben sie aber tagsüber auch als störend. **Sexuelle Funktionsstörungen** können vor allem beim Mann (z.B. Erektionsstörungen) gelegentlich auftreten.

Bei einigen Patienten kann ein **verstärktes Schwitzen** unangenehm sein. Es kann unterschiedlich stark auftreten, und die verschiedenen Antidepressiva haben diese Nebenwirkung in unterschiedlichem Maße. Falls diese verstärkte Schweißbildung zu unangenehm wird, sollte ein anderes antidepressiv wirkendes Arzneimittel eingesetzt werden. Weitere Nebenwirkungen können sich am Herzen einstellen und in der Blutbildung zeigen. Der Arzt wird deshalb vor allem in den ersten Behandlungswochen das *EKG* und das *Blutbild* kontrollieren.

Die Nebenwirkungen können unangenehm sein. Aber es soll hervorgehoben werden, daß sie niemals organschädigend wirken. Oft bilden sie sich schon während der Behandlung in wenigen Wochen zurück. In jedem Fall aber verschwinden diese Nebenwirkungen sehr schnell und vollständig, wenn zu irgendeinem Zeitpunkt die Behandlung eingestellt wird.

In der Regel beginnt man eine Behandlung mit 50 bis 100 mg eines zyklischen Antidepressivums am 1. Tag und steigert die Dosis mit 25 mg/Tag bis auf insgesamt 150 bis 200 mg/Tag. Einige Ärzte teilen diese Dosis in drei oder vier Portionen/Tag auf, wir selbst ziehen es – besonders bei ambulanter Behandlung – vor, diese Dosis in nur 2 Portionen aufzuteilen, z.B. um 8 und 22 Uhr oder sogar die gesamte Dosis gegen 22 Uhr.

Serotonin-Wiederaufnahme-Hemmstoffe (SSRI)

Seit Ende der 80er Jahre gibt es eine neue Gruppe von Antidepressiva, die auf einem etwas anderen Wirkprinzip an den Nervenendigungen als die zuvor erwähnten zyklischen Antidepressiva beruhen. Diese neueren Antidepressiva wirken fast ausschließlich auf den Stoffwechsel des Botenstoffs *Serotonin* im Gehirn; sie werden daher (selektive) Serotonin-Wiederaufnahme-Hemmstoffe genannt (die auch in Deutschland sehr häufig verwendete Abkürzung aus dem Englischen lautet: »SSRI«). Der Vorteil dieser SSRI-Antidepressiva liegt darin, daß sie weniger Nebenwirkungen als die zyklischen Antidepressiva haben und in der Regel in einer einmaligen Dosis am Morgen eingenommen werden können. Sie sind weniger belastend für das Herz und den Kreislauf. Was die Geschwindigkeit des Wirkungseintritts angeht, unterscheiden sie sich allerdings nicht von allen anderen Antidepressiva. Auch sind sie nicht wirksamer als die tri- und tetrazyklischen Antidepressiva.

Am häufigsten treten bei der Behandlung mit Serotonin-Wiederaufnahme-Hemmstoffen **Übelkeit, Schlaflosigkeit, Kopfschmerzen** und **Unruhe** auf. Allerdings vergehen diese Nebenwirkungen häufig nach 1 bis 2 Wochen Behandlung. Falls diese Nebenwirkungen sehr unangenehm sind und nicht verschwinden, muß die Umstellung auf ein tri- oder tetrazyklisches Antidepressivum erwogen werden. Auf keinen Fall darf nach Beendigung einer Therapie mit einem SSRI-Antidepressivum sofort ein Antidepressivum aus der Gruppe der MAO-Hemmstoffe (s. nächster Abschnitt) gegeben werden, da sich dies nicht miteinander verträgt. **Sexuelle Funktionsstörungen** können auch bei der Behandlung mit SSRI-Antidepressiva auftreten.

Gewöhnlich kann eine Behandlung mit einem SSRI-Antidepressivum gleich mit einer Startdosis begonnen werden, die für eine gewünschte antidepressive Wirkung ausreicht. Im Falle von z.B. *Fluoxetin, Paroxetin* oder *Citalopram* sind dies 1 Tablette pro Tag; eine Tablette enthält 20 mg des Medikaments, das morgens nach dem Frühstück eingenommen werden sollte. Falls sich die Depression nicht bessert, kann die Dosis nach 2 bis 4 Wochen auf 40 mg/Tag erhöht werden.

MAO-Hemmstoffe

Einige Patienten reagieren nicht auf eine Behandlung mit den bisher genannten Antidepressiva. In diesem Fall wird der Arzt eine andere Gruppe von antidepressiv wirksamen Arzneimitteln versuchen, die sogenannten MAO-Hemmer. Die Bezeichnung stammt von dem Eiweißstoff her, der gehemmt oder beeinflußt wird: Mono-Amin-Oxidase = MAO.

Die erwünschte Wirkung tritt auch hier erst 2 bis 3 Wochen nach Behandlungsbeginn ein. Nebenwirkungen sind **Schlafstörungen** und **innere Unruhe**. Bei dem MAO-Hemmer *Tranylcypromin* ist das große Problem jedoch das Risiko, daß der Blutdruck plötzlich ansteigt, wenn ein »Zusammenstoß« mit anderen Stoffen, die den Blutdruck beeinflussen, erfolgt. Zum Teil können es Arzneimittel sein, die eine verengende Wirkung auf die Blutadern oder auf die Schleimhäute haben (z.B. bei Lokalbetäubung oder bei Nasentropfen gegen Schnupfen), zum Teil aber auch verschiedene Getränke oder Lebensmittel: z.B. Bananen, Weintrauben, Käse, Rotwein sowie Lebensmittel aus Tiefkühltruhe und Konserven. Es muß deshalb während der Behandlung mit einem MAO-Hemmer strikt eine entsprechende Diät eingehalten werden. Diese gefährliche Nebenwirkung der Behandlung mit MAO-Hemmern infolge des Zusammentreffens mit anderen Arzneimitteln oder Lebensmitteln ist glücklicherweise sehr selten. Sie hat aber dazu geführt, daß eine solche Behandlung oft nur angewandt wird, wenn zyklische Antidepressiva oder auch Elektrostimulation ohne Erfolg versucht worden sind.

Allerdings konnten die MAO-Hemmer inzwischen weiterentwickelt werden. Sie wirken jetzt spezifischer (sogenannte selektive MAO-A-Hemmung) und sind deshalb besser verträglich. Bei den Neuentwicklungen wie z.B. dem Medikament *Moclobemid* muß deshalb keine Diät mehr eingehalten werden.

Andere und neuere Antidepressiva

Neben den genannten Medikamenten sind seit Mitte der 90er Jahre weitere neue Antidepressiva erhältlich, wie zum Beispiel *Venlafaxin* oder *Mirtazapin*. Sie wirken ähnlich wie die SSRI-Antidepressiva auf den Stoffwechsel von Serotonin im Gehirn, aber auch auf den eines anderen wichtigen Botenstoffs, des *Norad-*

renalins, von dem man ebenfalls vermutet, daß es bei der Entstehung der Depression eine große Rolle spielt. Diese Antidepressiva entstanden auf der Suche nach antidepressiv wirksamen Arzneimitteln, die noch besser und schneller wirken sowie besser verträglich sind, als die bisher gebräuchlichen. Ob sie tatsächlich Vorteile besitzen, kann gegenwärtig noch nicht mit Sicherheit gesagt werden.

In den vergangenen Jahren wurden vermehrt *Johanniskraut-Präparate* in der Depressionsbehandlung eingesetzt. Nach anfänglicher Skepsis aufgrund des fehlenden Nachweises der Wirksamkeit in wissenschaftlichen Studien hat sich mittlerweile doch gezeigt, daß Johanniskraut-Präparate bei leichten bis mittelschweren Depressionen wirksam sein können. Der Vorteil der Johanniskraut-Präparate liegt vor allem in ihrer guten Verträglichkeit. Nebenwirkungen treten nur selten auf.

Infusionsbehandlung

Zeigt eine Tablettenbehandlung keine positive Wirkung, dann kann gelegentlich auch noch ein Erfolg erzielt werden, indem die Behandlung durch *Infusionen* intensiviert wird. Der Patient erhält dabei das verdünnte antidepressive Medikament aus einer Tropfflasche über einen Schlauch durch eine Kanüle, die meist in die Armvene eingeführt wird. Die Tropfinfusion dauert 1 bis 3 Stunden und wird in der Regel einmal täglich für 2 bis 3 Wochen gegeben. Der Patient liegt während der Infusion und auch noch etwas (ca. ½ Stunde) nach deren Beendigung und sollte zumindest bei den ersten Behandlungen nicht allein sein. Vorübergehend können stärkere Dösigkeit, Unruhe und Schwindel während der Infusion auftreten. »Schlechte« Venen können zum Abbruch dieser Behandlungsform führen. Es gibt auch nicht alle Antidepressiva in Form einer Injektionslösung. Beispiele von Antidepressiva, die man als Infusion geben kann sind: *Amitriptylin, Clomipramin, Dibenzepin, Trazodon, Trimipramin.*

Wie lange sollte nach Überwindung der Depression weiterbehandelt werden?

Wenn man die Depression überwunden hat, empfiehlt es sich, die Behandlung noch ein halbes Jahr fortzusetzen (in der Fachsprache wird diese Zeit *Erhaltungstherapie* genannt). Die Medikamente werden meist in der Dosis gegeben, mit der die Genesung erreicht wurde. Einige ältere Patienten bauen die Medikamente etwas langsamer ab und können daher mit einer kleineren Dosis auskommen.

Erst danach kann entschieden werden, ob eine Behandlung mit Tabletten fortgesetzt werden muß. Das hängt damit zusammen, daß die durchschnittliche Dauer einer unbehandelten Depression etwa ein halbes Jahr beträgt (s. S. 32). Die antidepressiven Tabletten beseitigen die Symptome, vermutlich aber nicht die körperliche Funktionsstörung, die der Depression zugrunde liegt. Daher ist die Fortsetzung der Behandlung so lange angezeigt, wie eine unbehandelte Depression gedauert hätte. Die voraussichtliche Dauer kann allerdings nur grob geschätzt werden. Bei den meisten Patienten können die Tabletten nach einem ½ Jahr abgesetzt werden, jedoch nur unter genauer Beobachtung – am besten durch den Patienten selbst. Im allgemeinen sollte die Dosis langsam herabgesetzt werden, zum Beispiel um 25 mg/Woche bei einem trizyklischen Antidepressivum. Mit anderen Worten: Bei einer Behandlung mit 150 mg/Tag eines trizyklischen Antidepressivums dauert es mindestens 6 Wochen, bis man ganz frei von Medikamenten ist. Aber während dieser 6 Wochen sollte man mindestens jede 2. Woche in Kontakt mit seinem Arzt sein, um zu besprechen, ob man eine Änderung verspürt, ob die Niedergeschlagenheit wieder ansteigt, ob einem die Aufgaben über den Kopf wachsen, ob man wieder an Schlafstörungen oder zu frühem Aufwachen leidet. Wenn ja, sollte die Dosis wieder um 25 mg/Tag erhöht werden. Im Laufe von weniger als einer Woche wird man wiederum eine Besserung verspüren. Es dauert also weniger lange, eine günstige Wirkung während einer Behandlung zu erzielen als zu Beginn einer Behandlung. Verspürt man jedoch innerhalb der ersten Woche nach Heraufsetzen der Dosis keine Änderung, ist evtl. eine weitere Erhöhung der Dosis angezeigt.

Wie bereits erwähnt, muß möglicherweise bei einigen Patients die Tablettenbehandlung jahrelang als Dauerbehandlung fortgesetzt werden (siehe auch S. 62 f).

Wie steht es mit Alkohol und Autofahren während der Therapie mit Antidepressiva?

Oft stellt sich größere Empfindlichkeit gegenüber **Alkohol** während einer Behandlung mit Antidepressiva ein. Sie äußert sich möglicherweise durch Kopfschmerzen oder deutliches Unwohlsein, selbst nach sehr geringen Mengen von Alkohol, was besonders in den ersten Tagen oder Wochen der Behandlung ausgeprägt ist. Alkohol sollte deshalb insbesondere zu Beginn einer Behandlung mit Antidepressiva vermieden werden.

Autofahren ist ein besonderes Problem. Bei Älteren ist die Neigung zu Schwindelanfällen ein klar umrissenes Phänomen, doch auch Jüngere sollten in der ersten Phase einer Behandlung mit Antidepressiva auf das Autofahren verzichten. Nach einigen Wochen hat sich bei gleichbleibender Dosis der Organismus darauf eingestellt, und dann kann man wieder anfangen.

Die **Wirkung anderer Medikamente**, die man vielleicht auch einnehmen muß, kann durch Antidepressiva, insbesondere solche aus der Gruppe der Serotonin-Wiederaufnahme-Hemmstoffe (SSRI), verändert werden. So wird die Wirkung einiger Medikamente gegen Bluthochdruck abgeschwächt. Man soll deshalb jede Kombination mit dem Arzt besprechen und eine dem Arzt nicht bekannte Selbstmedikation unterlassen.

Die Behandlung mit Elektrostimulation

Gegen die schwersten Depressionen ist Elektrostimulation (ES) am wirksamsten. Sie wird auch *Elektrokrampftherapie (EKT)* oder fälschlicherweise »Elektroschock« genannt.

Sicher hat jeder schon von der Behandlung mit »Elektroschock« gehört, entweder von Menschen, die in psychiatrischen Kliniken zur Behandlung gewesen sind (oder man ist selbst dort gewesen), oder aus der Tagespresse oder durch Filme. In der Öffentlichkeit wird diese Behandlung oft als Strafe und Tortur dargestellt. Und es wird der Eindruck hervorgerufen, daß das Gehirn auf jeden Fall Schaden nimmt, was jedoch bei fachgerechter Behandlung nicht eintritt. Nicht nur der eigene Arzt wird einen wahrheitsgemäß informieren, sondern auch die Mitpatienten.

Fallbericht

Eine 75jährige Patientin von uns schrieb einmal über die Elektrokrampftherapie:

»Ich selber wurde von Oktober 1988 bis März 1989 stationär wegen endogener Depression behandelt. Man gab sich alle Mühe, und da kein Medikament Besserung brachte, wurde ich auf eigenen Wunsch mit Elektroschocks behandelt. Das brachte mir Hilfe. Alles geschah dort freiwillig und human. Seither werde ich mit Lithium nachbehandelt. Bislang hatte ich keinen Rückfall«.

Elektrostimulation: Prinzip und Probleme

Vor mehr als 60 Jahren bemerkte ein ungarischer Arzt, daß Patienten mit Schizophrenie*, die auch an Epilepsie litten, nach einem oder mehreren Krampfanfällen häufig eine kurzzeitige Bes-

---

* Eine schwere psychische Krankheit, die u. a. durch das Gefühl, nicht mehr man selbst zu sein, unter fremdem Einfluß zu stehen, durch Sinnestäuschungen und objektiv unbegründete Überzeugungen, z.B. verfolgt zu werden, sowie durch Störungen des Denkens charakterisiert ist.

serung verspürten. Dieser Arzt führte daher eine Schizophrenie-
behandlung in der Weise ein, daß er auf chemischem Wege einen Krampfanfall hervorzubringen suchte. Das gleiche Ziel wurde später von italienischen Ärzten durch elektrisch ausgelöste
Krämpfe leichter und schonender erreicht. Es wurde beobachtet,
daß Elektrostimulation in sehr vielen Fällen eine Depression, für
die es bis dahin praktisch keine wirksame Behandlung gab, in
sehr kurzer Zeit beseitigen konnte.

Es ist durchaus denkbar, daß sowohl neue Antidepressiva als
auch andere chemische Wirkstoffe in der Zukunft die Elektrostimulationsbehandlung vollständig ersetzen können. Es muß aber
auch gesagt werden, daß die Elektrostimulation bei schweren
Formen der Depression auch heute noch die wirksamste Be-
handlungsmethode ist, die wir derzeit kennen, d.h., sie bietet im
Vergleich zu den anderen antidepressiven Behandlungsverfahren die größte Erfolgschance. Die Wirkung tritt häufig etwas
schneller ein, und sie ist möglicherweise bei manchen Depressionen die einzig wirksame Behandlung.

Die Elektrostimulation löst die höchstmögliche Aktivität des Ge-
hirns auf einmal aus, genauso wie bei einem spontanen Krampfanfall (epileptischer Anfall). Aus diesem Grunde treten auch
kräftige Muskelzuckungen im ganzen Körper auf. Diese sind jedoch für die Wirkung auf eine Depression nicht erforderlich, so
daß man heute mit Hilfe eines Medikaments zuerst für eine to-
tale Erschlaffung der Muskeln des Patienten sorgt. Von der Mus-
kelerschlaffung verspürt man nichts, da man zuvor durch eine
Kurznarkose betäubt wird.

An dieser Stelle muß auch über ein deutliches Problem bei der
Elektrostimulation gesprochen werden: ihren Einfluß auf das
Gedächtnis. Unter Gedächtnis kann man sich verschiedenes vor-
stellen. Einerseits die Fähigkeit, sich an etwas zu erinnern (etwas
wiederzuerkennen, sich etwas ins Gedächtnis zurückzurufen),
was früher passiert ist: Wann ist der Geburtstag von Tante Em-
ma? Wo waren wir letztes Jahr während der Sommerferien? Die
andere Seite des Gedächtnisses ist die Fähigkeit, etwas zu lernen
(sich etwas zu merken, zu erlernen): Was stand heute in der Zei-

tung? Wie sind die neuen Geschwindigkeitsregeln? Dieses Lernvermögen kann durch die Elektrostimulation kurzzeitig geschwächt werden.

Es soll jedoch angemerkt werden, daß nicht alle Patienten von
dieser Schwächung betroffen werden. Ein Drittel wird praktisch
nichts merken, ein weiteres Drittel wird leicht betroffen sein,
und schließlich wird das letzte Drittel dadurch deutlicher beeinträchtigt sein. Das hält jedoch nicht an. Das Gedächtnis wird
deutlich besser werden und bei den meisten nach wenigen Wochen wieder zufriedenstellend funktionieren. Bei manchem mag
es etwas länger dauern, aber nach 2 bis 3 Monaten wird das Gedächtnis auch bei ihnen genauso wieder arbeiten wie früher. Es
gibt auch depressive Patienten mit Klagen über Gedächtnis-
störungen vor der Elektrostimulation, die mit Abklingen der Depression unter dieser Behandlung verschwinden.

Wie läuft die Elektrostimulationsbehandlung ab?

Während einer Elektrostimulationsbehandlung befindet man
sich normalerweise im Krankenhaus. Wenn irgend möglich, sollte die Elektrostimulationsbehandlung sehr gründlich mit den
behandelnden Ärzten besprochen werden. Jedoch ist man
manchmal dazu nicht in der Lage, wenn man zu krank ist. Man
glaubt vielleicht selbst nicht, daß etwas getan werden kann. Und
so begnügt man sich ohne Anteilnahme mit der Feststellung,
daß irgend jemand sagt, dies oder das kann und muß getan werden. Der Arzt wird in solchen Fällen versuchen, Angehörige zu
informieren, die das Vertrauen des Patienten besitzen. Manchmal muß der Arzt auch die Einsetzung eines Betreuers in Erwägung ziehen (s. S. 108 f).

Die erste Behandlung wird verständlicherweise von viel Unruhe
und Nervosität begleitet sein. Wenn man aber erlebt hat, daß alles ganz friedlich verläuft, wird man der nächsten Behandlung
schon entspannter entgegensehen, besonders wenn die ersten
positiven Wirkungen eintreten. Der Strom wird für wenige Se-
kunden durch zwei Elektroden (kleine Metallscheiben von der

Größe eines Fünfmarkstückes) zugeführt, die an der Schläfe angelegt werden. Man verspürt eine Besserung manchmal schon nach zwei, oft aber nach 4 bis 6 Behandlungen, die in der Regel zwei bis dreimal wöchentlich durchgeführt werden. Die meisten Patienten werden sechs bis zehn Behandlungen benötigen, einige wenige bis zu 12 oder 18. Wie häufig bei einer Depressionsbehandlung, bemerken die »anderen« (Angehörige und Krankenhauspersonal) eine Besserung viel früher als man selbst. Die Schwächung des Lernvermögens kann als unangenehm empfunden werden. Obwohl dies bei vielen gar nicht eintritt, ist es nach wie vor unser größtes Problem bei der Elektrostimulationsbehandlung. Die meisten werden 1 bis 3 Wochen nach Behandlungsabschluß ihre normale Arbeit wieder aufnehmen können. Wie erwähnt, wird man 1 bis 3 Monate später im Erinnerungs- und Lernvermögen keinen Unterschied mehr im Vergleich zu der Zeit vor der Krankheit feststellen können.

Wann soll eine Elektrostimulationsbehandlung durchgeführt werden?

Viele Umstände spielen eine Rolle:

Das Alter

Je älter man ist, um so größer ist das Risiko für eine Herz- und Kreislaufschwäche. Das bedeutet eine deutlichere Reaktion auf den leichten Blutdruckabfall bei der Tablettenbehandlung (Schwindelanfälle, »Schwarz-vor-Augen«). Da selbst Patienten mit einer ausgesprochenen Herz- und Kreislaufschwäche eine Elektrostimulationsbehandlung im allgemeinen gut vertragen, wird man diese Therapie häufiger bei Patienten anwenden, die älter als 65 bis 70 Jahre sind.

Schwere der Depression

Für die Elektrostimulationsbehandlung spricht ein sehr ernstes Krankheitsbild mit starken Selbstmordgedanken oder eine fehlende Nahrungs- und Flüssigkeitsaufnahme. Wenn man nicht mindestens 1 Liter Flüssigkeit täglich zu sich nimmt, kann eine weitere Verschlechterung des Zustandes eintreten.

Erfolglosigkeit der medikamentösen Behandlung

Wenn die Tablettenbehandlung nicht den gewünschten Erfolg gehabt oder nicht ausgereicht hat, kann eine Elektrostimulationsbehandlung noch erfolgreich sein.

An einer Fallgeschichte soll verdeutlicht werden, unter welchen Umständen wir zu einer Elektrokrampfbehandlung raten:

Fallbericht

Erfahrungen mit der Elektrostimulation

Ein 77jähriger früherer Prokurist wurde von seinem behandelnden Psychiater zur stationären Behandlung eingewiesen, weil die ambulante Behandlung seiner Depression keine Besserung erbrachte. Seit einem halben Jahr war die Stimmung des Patienten zunehmend gedrückt; von der besorgten Ehefrau erfuhren wir außerdem, daß ihr ansonsten gesprächiger und lebhafter Ehemann kaum noch reden und das Haus so gut wie nicht mehr verlassen würde. Im Aufnahmegespräch wurde deutlich, daß sich der Patient vor allem um seine körperliche Gesundheit und um seine wirtschaftliche Lage große Sorgen machte. So war er der festen Meinung, daß er bald an einem Darmverschluß sterben müße und daß ohnehin alles keinen Sinn mehr habe, da er verschuldet sei, und die Ausgaben die Einnahmen weit übertreffen werden. Weder für eine Darmerkrankung noch für finanzielle Probleme gab es laut Ehefrau Hinweise; trotz gegenteiliger objektiver Befunde und Tatsachen hielt der Patient jedoch an seiner unzutreffenden Meinung unabrückbar fest. Auf der Station aß und trank der Patient aus Angst vor dem Darmverschluß kaum noch; er verlor deshalb innerhalb von 3 Wochen 12 Kilo an Gewicht und der ohnehin schmächtige Mann wirkte regelrecht abgemagert. Er war zunehmend kraftlos und erschöpft; erste Infusionen mußten angelegt werden, um den Flüssigkeitsmangel zu beheben. Auch in der Klinik schien die medikamentöse Behandlung nicht zu greifen; der körperliche Abbau wurde von Tag zu Tag sichtbarer. Nachdem alle Untersuchungen keinen Anhalt für eine zugrundeliegende körperliche Erkrankung ergaben, entschlossen wir uns in dieser lebensbedrohlichen Situation nach Absprache mit der Ehefrau zur Durchführung einer Elektrokrampftherapie. Der Patient willigte nach entsprechender Aufklärung über die Elektrokrampftherapie (EKT) ein, wobei es schien, daß ihm gleichgültig war, was mit ihm passierte – das Leben hatte für ihn »keinen Sinn mehr gehabt«. Bereits nach wenigen EKT-Behandlungen sprach der Patient nicht mehr über seine zuvor unkorrigierbaren unzutreffenden Überzeugungen. Seine Stimmung hellte auf und nach 3wöchiger Behandlung wußte er gar nicht mehr so recht, warum er zur Behandlung hier sei – so wohl fühlte er sich. Wenige Wochen nach der Entlassung erhielten wir von ihm eine Urlaubspostkarte von der See, in der er schrieb: »...Ich kann Ihnen mitteilen, daß sich mein Zustand soweit gebessert hat, daß ich Meer, Sonne und das Kreischen der Möwen wieder genießen kann. Darüber bin ich ganz froh und glücklich...«.

Die Behandlung durch Schlafentzug

Gelegentlich berichteten Patienten, daß sie eine beginnende Depression bekämpfen konnten, indem sie sich eine ganze Nacht wachhielten, sich durch verschiedene Tätigkeiten selbst am Einschlafen hinderten. Es mag zunächst widersinnig erscheinen, daß Schlafentzug gegen Depressionen wirkt, wo doch die meisten depressiv Kranken sowieso an Schlafstörungen leiden. Die wissenschaftliche Überprüfung der Selbstbeobachtungen von depressiv Kranken hat aber gezeigt, daß ein vollständiger Schlafentzug die Depression abschwächen oder gar unterbrechen kann. Manchmal hilft auch ein teilweiser (»partieller«) Schlafentzug, zu dem man zwischen ein und zwei Uhr nachts geweckt wird. Leider tritt die antidepressive Wirkung keineswegs bei allen Arten von Depression ein. Vor allem aber hält die Wirkung in der Regel nur ein bis zwei Tage an. Schlafentzug kann deshalb nicht allein, sondern nur zusätzlich zu anderen antidepressiven Behandlungen eingesetzt werden. Er vermag aber das

Leid des Kranken wenigstens vorübergehend zu erleichtern. Der Kranke kann so selbst erfahren, daß »sich etwas tut«, daß »doch nicht alles hoffnungslos« ist.

Die Behandlung mit Licht

Bei manchen Patienten tritt die Depression immer nur im Herbst oder Winter auf. Man spricht dann auch von *Winterdepression (»saisonale Depression«)*. In solchen Fällen hat die Anwendung von Licht in einer Stärke von 2500 bis 4000 Lux antidepressive Wirkung gezeigt. Man sitzt bei dieser Behandlung täglich morgens und eventuell auch abends etwa 1 bis 2 Stunden vor einem Gerät, daß durch Leuchtröhren die notwendige Lichtstärke erzeugt. Reicht die antidepressive Wirkung innerhalb von einer Woche nicht aus, muß mit Antidepressiva kombiniert werden.

Was tun, wenn die Behandlung erfolglos scheint?

Immer wieder einmal kommen Patienten, deren Depression trotz Wochen oder gar Monate dauernder Behandlung nicht weichen will. Dafür kann es viele Gründe geben: zusätzliche körperliche Krankheiten oder Behinderungen, ungelöste Konflikte in der Familie oder am Arbeitsplatz, oder auch, weil die für den Kranken zutreffende Behandlung noch nicht gefunden oder unzureichend durchgeführt wurde. So sind die Möglichkeiten einer medikamentösen Behandlung erst dann wirklich geprüft, wenn ein Antidepressivum genügend lange, d.h. 4 bis 6 Wochen, und in genügender Dosis tatsächlich eingenommen wurde. Gelegentlich sind Patienten oder ihre Angehörigen zu ungeduldig und drängen den Arzt zu früh, das Arzneimittel wegen scheinbarer Erfolglosigkeit zu wechseln. Andere Patienten kommen auf keine wirksame Menge (Konzentration) des Arzneimittels im Blut, weil sie es nicht nach Vorschrift einnehmen, oder weil sie wegen

Nebenwirkungen die erforderliche Dosis nicht erreichen, oder vielleicht auch, weil eine Besonderheit ihres Stoffwechsels dazu führt, daß das Arzneimittel zu wenig aus dem Darm aufgenommen oder aber zu schnell aus dem Körper wieder ausgeschieden wird. Einige dieser Gründe kann man nur durch Blutuntersuchungen herausbekommen, andere nur durch eingehende Gespräche mit dem Patienten und ein zutreffendes Verständnis seiner Lebenssituation.

Dauert eine Depression trotz Behandlung länger als drei Monate, dann sollten Patienten und Arzt eine Behandlung in der Klinik ins Auge fassen. Dort kann weiter nach den Gründen des ausbleibenden Behandlungserfolges gesucht werden; vor allem aber können die wirklich vielfältigen antidepressiven Behandlungsmöglichkeiten in der Klinik ganz systematisch und oft auch intensiver als in der Praxis eingesetzt werden. Dazu gehört u. a. eine bestimmte Reihenfolge verschiedener Behandlungsschritte (»Stufenplan«). In einigen dieser Behandlungsstufen werden verschiedene antidepressive Behandlungsverfahren miteinander kombiniert, z.B. Schlafentzug und ein Antidepressivum, oder ein Antidepressivum mit Lithium (s. S. 65 f), aber auch mit körpereigenen Stoffen wie z.B. Schilddrüsenhormonen (Thyroxin). In der Klinik kann die Wirksamkeit der Behandlung auch sehr regelmäßig und sehr genau überprüft werden.

Rückfall während der ersten Monate nach der Gesundung

Oft ist man nach Abklingen der Depression noch eine Zeitlang empfindlicher, innerlich verletzlicher als sonst. Daher sollte man das Antidepressivum noch für weitere sechs Monate nach der Genesung weiter einnehmen. Belastungen sollte man zunächst meiden, insbesondere auch »Erholungs«-reisen oder Kuren, die einen aus seiner vertrauten Umgebung herausreißen. (So kann übrigens auch eine beginnende Depression erst richtig zum Ausbruch kommen, wenn man dem vorher gut gemeinten

Rat folgt und verreist, »um auf andere Gedanken zu kommen«.) Kommt es aber zu einem Rückfall, dann kann erwartet werden, daß die gleiche Behandlung wieder erfolgreich ist (vielleicht ist es auch nur die »alte Depression«, bei der die Behandlung zu früh beendet wurde). Das spricht also dafür, die Tablettenbehandlung wieder aufzunehmen. Ein schneller Rückfall deutet darauf hin, daß eine längerdauernde Behandlung angezeigt ist, viele Monate, vielleicht sogar Jahre (s. Kapitel »Die Vorbeugung von Depression und Manie«).

Die Behandlung der Manie

Die Behandlung der Manie wird mit antipsychotischen Arzneimitteln oder mit Lithium oder mit Arzneimitteln, die man aus der Behandlung von epileptischen Anfällen (sogenannte *Antiepileptika*) kennt, durchgeführt.

Die Behandlung mit antipsychotischen Arzneimitteln

Die meisten Manien werden mit sogenannten antipsychotischen Arzneimitteln behandelt. Sie werden auch **Neuroleptika** genannt. Ihre Bezeichnung rührt daher, daß sie bei einer großen Gruppe von Geisteskrankheiten, den sogenannten schizophrenen Psychosen (= Erlebensspaltungs-Krankheiten, s. S. 47) eingesetzt werden. Diese Arzneimittel haben eine günstige Wirkung auch bei Manien, jedoch eine geringe oder keine Wirkung bei den meisten Depressionen.

● **Tab. 2: Beispiele für antipsychotische Arzneimittel**

Chemische Bezeichnung	Handelsbezeichnung	übliche Dosis (in mg)
Clozapin	Leponex	100–600
Flupentixol	Fluanxol	5–15
Haloperidol	Haldol	4–10
Levomepromazin	Neurocil	100–600
Olanzapin	Zyprexa	5–15
Perazin	Taxilan	200–800

Von den antipsychotischen Mitteln wird am häufigsten *Haloperidol* ausgewählt, weil von dieser Substanz angenommen wird, daß sie die Manie schneller dämpft als alle anderen antipsychotisch wirkenden Stoffe – auch schneller als Lithium.

Haloperidol kann 2- bis 3mal täglich in Tablettenform, als Tropfen oder als Injektion gegeben werden. Es muß einige Tage eingenommen werden, bevor man eine Wirkung auf den krankhaft erhöhten Antrieb und die krankhaft gehobene Stimmung verspürt. Dagegen kann man möglicherweise bereits nach der ersten Einnahme der Medikamente unerwünschte Wirkungen (= Nebenwirkungen) verspüren.

Die erhofften Wirkungen von *Haloperidol* zeigen sich im Laufe von einem oder mehreren Tagen, sowohl für den Patienten als auch für die Umgebung und zwar zuerst dadurch, daß die pausenlose Aktivität und Geschäftigkeit vermindert werden, oder dadurch, daß der Betroffene zum erstenmal seit Wochen oder Monaten vier, sechs oder acht Stunden durchschlafen kann. Im Laufe der darauffolgenden Tage schlägt die Wirkung deutlich durch, man kann seine Gedanken besser sammeln, der Redestrom nimmt ab, und die Ideen werden weniger utopisch. Nach und nach stellt man auch selbst fest, daß sich die Stimmung wieder dem Normalen nähert.

In einigen Fällen ist eine Haloperidol-Behandlung nur während weniger Wochen erforderlich, in anderen Fällen dagegen für zwei bis vier Monate. Die Behandlung mit den anderen antipsychotischen Medikamenten ist im Prinzip gleich.

Nebenwirkungen der antipsychotischen Arzneimittel

Die Nebenwirkungen stammen von einem Gehirnzentrum, das den Spannungsgrad der Muskeln (Tonus) und das Gleichgewicht zwischen Beuge- und Streckmuskeln reguliert. Die Nebenwirkungen werden unterschiedlich wahrgenommen. Am häufigsten kommen vor:

• Muskelkrämpfe,
• innere Unruhe in den Beinen,
• Zittern der Hände,
• steifer Gang.

Muskelkrämpfe (in der Fachsprache *Dyskinesien* genannt) kommen und verschwinden schnell. Sie können bereits nach einer der ersten Tabletteneinnahmen einsetzen, beispielsweise in der Weise, daß Schwierigkeiten beim Öffnen des Mundes auftreten oder daß der Hals sich steif anfühlt und nur schwer bewegt werden kann. Dies wird auf den Patienten und die Angehörigen alarmierend wirken, aber die Muskelkrämpfe verschwinden wie »Tau in der Morgensonne«, wenn eines der »Gegenmittel« entweder in Tablettenform oder in besonders schweren Fällen als Injektion gegeben wurde (s. unten).

Die **innere Unruhe in den Beinen** (in der Fachsprache *Akathisie* genannt) äußert sich in der Weise, daß man dauernd umhergehen muß. Man kann keine Ruhe finden, wenn man sich auf einen Stuhl setzt; die ganze Zeit muß man die Stellung ändern. Die Umgebung kann dadurch den falschen Eindruck bekommen, daß sich der psychische Zustand des Patienten wieder verschlechtert hat.

Zittern (in der Fachsprache *Tremor* genannt) der Hände gehört zu den manchmal recht deutlich sichtbaren Nebenwirkungen. Diese unerwünschte Wirkung wird oft in Zusammenhang mit einer gewissen Steifheit des Ganges beobachtet. Beides tritt häufiger bei älteren Patienten auf, während bei jüngeren Muskelkrämpfe vorherrschen.

Bei manchen antipsychotischen Medikamenten treten weniger solche Störungen der Muskulatur auf, dafür aber häufiger leichte Blutdrucksenkung und auch Müdigkeit.

»Gegenmittel« bei Nebenwirkungen

Es gibt Arzneimittel, die den Nebenwirkungen der Neuroleptika entgegenwirken, und sie sprechen in den meisten Fällen auch gut an. Diese Arzneimittel gehören zur Gruppe der Antiparkinsonmittel, da sie auch bei der *Schüttelkrankheit* (*Parkinson-Krankheit*) eingesetzt werden. Am häufigsten wird das Medikament *Biperiden* (Handelsbezeichnung *Akineton*) verordnet.

Oft ist es erforderlich, die »Gegenmedizin« über längere Zeit hinweg zu nehmen. Aber wenn Haloperidol länger als einen Monat eingesetzt werden muß, sollte nach einigen Wochen geprüft werden, ob auch die »Gegenmedizin« weiterhin genommen werden muß. Häufig wird es sich zur großen Überraschung zeigen, daß die Nebenwirkungen trotz Absetzen der »Gegenmedizin« nicht wieder auftauchen. Eine Erklärung hierfür ist schwierig, aber die Erfahrung lehrt es.

Die Behandlung mit Lithium

Lithium ist das Arzneimittel mit der spezifischsten Wirkung bei manischen Zuständen. Aber warum werden antipsychotische Arzneimittel dann zuerst genannt? Weil Neuroleptika schneller wirken. Aus diesem Grunde behandeln wir die meisten Manien mit Haloperidol oder anderen Neuroleptika, denn wenn man sich wochenlang in einem manischen Zustand befunden hat, braucht man schnelle Hilfe.

An dieser Stelle soll die Wirkung des Lithiums bei Manie nur kurz erwähnt werden. Ausführlich wird es in Verbindung mit seiner Anwendung zur Vorbeugung von neuen manischen und depressiven Phasen (s. S. 65 f) beschrieben. Wenn Lithium bei einer Manie angewandt wird, so ist die Dosis in der Regel etwas höher als bei seiner vorbeugenden Anwendung. Aber selbst dabei dauert es oft fünf, sieben oder zehn Tage, bis eine Wirkung zu verzeichnen ist, und weitere zwei bis vier Wochen bis zur Beendigung einer Manie. Auf der anderen Seite fühlen manche, daß Lithium einen manischen Zustand auf eine mehr »natürliche« Art und Weise dämpft.

Was die Nebenwirkungen des Lithiums in der frühen Behandlungsphase angeht, so bemerkt man hierbei in erster Linie ein verstärktes Durstgefühl und ein Zittern der Hände, das sich sehr rasch zeigen kann. Aber in einem manischen Zustand ist man selten davon unangenehm berührt. Es ist, als ob man alles sehr großzügig betrachtet, auch die unerwünschten Wirkungen der Medikamente.

Die Behandlung mit Antiepileptika (Carbamazepin und Valproat)

Carbamazepin und *Valproat* sind Arzneimittel aus der Gruppe der sogenannten **Antiepileptika**, die man schon lange aus der Neurologie (medizinisches Fachgebiet der körperlich bedingten Nervenkrankheiten) kennt. Dort haben sie sich bei der Behandlung der Neigung zu »Krampfanfällen« (epileptische Anfälle) sehr bewährt. Erst seit einigen Jahren weiß man, daß diese Arzneimittel auch gute Wirkungen bei der Manie haben. Da Carbamazepin, aber auch Valproat, ebenfalls zur Vorbeugung manisch-depressiver Phasen eingesetzt werden, sollen diese Medikamente wie das Lithium ausführlicher im Kapitel »Die Vorbeugung von Depression und Manie« später besprochen werden. Wenn Carbamazepin und Valproat in der Behandlung der Manie eingesetzt werden, so ist ähnlich wie beim Lithium die Dosis in der Regel etwas höher als bei der vorbeugenden Behandlung. Es dauert gewöhnlich mehrere Tage, bis sich die Wirkung auf manische Erscheinungen zeigt. Die meisten Patienten erleben die dämpfende Wirkung durch Carbamazepin oder Valproat als deutlich angenehmer im Vergleich zu Neuroleptika.

Wann werden antipsychotische Medikamente, wann werden Lithium oder Antiepileptika eingesetzt?

Wie aus den vorhergegangenen Bemerkungen deutlich wird, ziehen wir anfangs in den meisten Fällen für die Behandlung schwerer manischer Phasen antipsychotische Medikamente (z.B. Haloperidol) vor, und zwar, weil diese Medikamente eine schnellere Wirkung zeigen, denn der Patient benötigt in der Regel eine schnelle Hilfe. Auf der anderen Seite wirken Lithium und die Antiepileptika auf irgendeine Weise präziser. Die Patienten, die beides probiert haben, sagen, daß die Behandlung mit Lithium und den Antiepileptika angenehmer gewesen sei. Sie fühlten sich viel weniger beeinflußt, fühlten sich mit Lithium oder Carbamazepin oder Valproat »freier« als mit Neuroleptika. Wenn also die manische Phase weniger ausgeprägt und deswegen die antimanische Wirkung nicht so unverzüglich erforderlich ist oder wenn man früher vor allem bei Haloperidol besonders unangenehme Nebenwirkungen verspürte, dann ist eine Behandlung mit Lithium oder einem Antiepileptikum angezeigt.

Rückfall während der ersten Monate

Bei zu schnellem Absetzen der Arzneimittel, die gegen die Manie verordnet wurden, kann im Laufe von Tagen oder Wochen ein Rückfall auftreten. Es wird dann angebracht sein, die vorzeitig abgeschlossene Behandlung wieder aufzunehmen. Gleichzeitig soll die Frage gestellt werden: Ist es an der Zeit, eine vorbeugende Behandlung gegen erneute Rückfälle einzuleiten? (s. S. 62 f).

Die Vorbeugung von Depression und Manie

Mit Vorbeugung kann vieles gemeint sein. Mit einer Pockenschutzimpfung konnte man verhüten, daß die Bevölkerung diese gefürchtete Krankheit überhaupt bekam, obwohl sie einer Ansteckung ausgesetzt war – im schlimmsten Fall wurden die Menschen davon in einer abgeschwächten Form befallen. Mit der Einnahme von Tabletten gegen Malaria kann man zwar nicht verhüten, daß man von infizierten Mücken mit Malaria angesteckt wird, aber man kann damit dafür Sorge tragen, daß die Malariaerreger abgetötet werden, bevor sie sich im Körper vermehren können. In beiden Fällen handelt es sich um Verhaltensmaßregeln, die nur dann wirksam sind, wenn man sie einhält, bevor man von außen »angegriffen« wird.

Die Pocken konnten weitgehend ausgerottet werden, und Komplikationen der Pockenschutzimpfung traten sehr selten auf. In den allermeisten Fällen hält der Schutz gegen die Krankheit an, und man ist dadurch ebensowenig wie auch durch die medikamentöse Vorbeugung gegen Malaria beeinträchtigt. Man kann vollauf tätig sein, während man gesund und munter und im Besitz seiner vollen Handlungsfreiheit und seines Urteilsvermögens ist. Auch hat man dabei nicht bereits eine Krankheitsepisode hinter sich, die man am liebsten vergessen will.

Das ist von Bedeutung, weil das Bedürfnis nach Vergessen von Krankheit und Krankenhaus die regelmäßige Einnahme von Tabletten so schwer werden läßt; denn sie ruft ja gerade das in Erinnerung zurück, was man vergessen – oder verdrängen will. All das macht es weitaus schwieriger, nüchtern und distanziert seine Vergangenheit und seine Zukunft zu sehen. Wenn man zu den Menschen gehört, die Neigung zu zahlreichen depressiven oder manischen Phasen haben, muß man sich eines Tages entscheiden, ob man einen Versuch wagen soll, neuen Krankheitsphasen vorzubeugen. Das bedeutet tägliche Tabletteneinnahme und regelmäßige Besuche beim Hausarzt oder beim Nervenarzt oder im Krankenhaus. Darüber hinaus bedeutet das auch, daß man seine Krankheit nicht vergessen kann.

Wann ist Vorbeugung angezeigt?

Es ist schwer, eine klare Aussage darüber zu machen, ab welcher Anzahl von Krankheitsphasen mit einer vorbeugenden (in der Fachsprache *prophylaktischen*) Behandlung begonnen werden sollte. Als ungefähre Richtschnur kann angesehen werden, wenn

- mindestens 2 Phasen innerhalb des letzten Jahres oder
- mindestens 3 Phasen innerhalb der letzten 3 Jahre

aufgetreten sind.

Erst bei einer derartigen Häufigkeit sieht man selbst die Notwendigkeit ein. Und man muß die Entscheidung selbst treffen! Wenn man krank ist, manisch oder depressiv, oder andere Krankheiten hat, so ist man oft darauf angewiesen, mehr oder weniger blind den Ratschlägen des Arztes zu folgen. Das ist der Fall, wenn man Magenschmerzen hat oder der Chirurg sagt, daß man eine Blinddarmentzündung hat und operiert werden muß. Und das ist auch der Fall, wenn man eine schwere Depression hat und der Psychiater sagt, daß man Antidepressiva einnehmen oder eine Elektrostimulationsbehandlung vornehmen lassen muß.

Aber bei einer vorbeugenden Behandlung ist die Situation eine andere. Hierbei ist der eigene aktive Einsatz sowohl zum Entschluß als auch zur Durchführung erforderlich – nicht nur der passive, der das Handeln des anderen akzeptiert. Gleichzeitig ist es kein Entschluß innerhalb von Minuten, Stunden oder Tagen. Es kann gut und gern Wochen, Monate und sogar Jahre dauern, bis man sich von Nutzen und Notwendigkeit einer vorbeugenden Behandlung überzeugt hat.

Wenn die vorbeugende Behandlung wirklich Erfolge haben soll, so muß sie eine sehr lange Zeit durchgeführt werden, d.h. in der Regel über viele Jahre hinweg. Lassen Sie es uns auf folgende Weise erklären: Wenn man eine vorbeugende Behandlung beginnen will, weil man während der letzten drei Jahre drei manische oder depressive Phasen gehabt hat, so ist eine gleich lange Zeit – also auch drei Jahre – erforderlich, bis Arzt und Patient einen Eindruck bekommen haben, ob die vorbeugende Behandlung wirklich hilft. Und wenn sie wirklich hilft, dann wissen wir nicht, wie lange weiterbehandelt werden muß. Nach unserer bisherigen Kenntnis hält der rückfallverhindernde Schutz nur so lange an, wie behandelt wird. Das bedeutet auch, daß man einem Plan zur vorbeugenden Behandlung nicht zustimmen soll, wenn man in seinem Innern nur zu einem Zeitraum von drei, sechs oder 12 Monaten bereit ist. Selbstverständlich ist damit kein Vertrag unterschrieben, es ist höchstens ein mündliches Abkommen; aber man vergeudet sonst nur seine eigene Zeit – und die des Arztes. Wenn man sich zu einer vorbeugenden Behandlung entschlossen hat, muß sie konsequent durchgeführt werden, da eine unregelmäßige und unzuverlässige Tabletteneinnahme unwirksam ist.

Auf der anderen Seite ist es auch klar, daß man zu jedem Zeitpunkt aufhören kann, wenn man zu den (relativ wenigen) Menschen gehört, die sehr ernste Nebenwirkungen durch die Behandlung verspüren. Auf diesen Punkt werden Patient und Arzt bei jedem Gespräch zurückkommen. Bei einer vorbeugenden Behandlung ist die Rolle des Arztes mehr die eines Ratgebers als die eines Behandelnden. Das ist eine verhältnismäßig neue Rolle für den Arzt, und auch er muß sich daran gewöhnen.

Die vorbeugende Behandlung hat ihren Wert in erster Linie durch die Anwendung des Lithiums bewiesen, aber in den letzten Jahren sind auch Antidepressiva bei Patienten angewandt worden, die eine Veranlagung zu wiederholten depressiven Episoden haben (aber nicht bei einer Manie). Bleibt die vorbeugende Behandlung mit Lithium erfolglos, oder kann Lithium wegen Nebenwirkungen nicht eingesetzt werden, kommt als Alternative

auch Carbamazepin oder Valproat in Frage. Diese beiden Arzneimittel können auch zusammen mit Lithium gegeben werden (sogenannte *Kombinationsbehandlung*).

Lithium in der vorbeugenden Behandlung

Die Bedeutung des Lithiums in der Vorbeugung sowohl von Manie als auch von Depression ist noch größer als seine Bedeutung
in der Behandlung von manischen Zuständen (s. S. 59).

Lithium ist ein natürlich vorkommendes Element (Grundstoff)
wie Kohlenstoff, Natrium und Kalium. Natrium z.B. liegt in der
Natur in Form eines Salzes wie zum Beispiel Natriumchlorid (gewöhnliches Kochsalz) oder Natriumkarbonat (Soda) vor. Entsprechend bildet auch Lithium eine Reihe von Salzen, wie z.B. Lithiumsulfat, Lithiumacetat und Lithiumcarbonat. Diese 3 Lithiumsalze sind zur vorbeugenden Behandlung von manisch-depressiven Stimmungsänderungen eingesetzt worden. Sie werden gegenwärtig in deutschen Apotheken unter folgenden Namen geführt (in Klammern sind die Handelsbezeichnungen genannt):

- Lithiumcarbonat (Hypnorex, Quilonum retard)
- Lithiumacetat (Quilonum)
- Lithiumsulfat (Lithium-Duriles)

Die Einnahme von Lithium-Tabletten

Die Lithium-Tabletten werden gewöhnlich am Morgen (8 Uhr)
und am Abend (20 Uhr) eingenommen. Wichtig ist dabei folgendes: Die Morgendosis muß an den Tagen, an denen eine Blutentnahme zur Bestimmung des Lithiumspiegels im Blut vorgesehen
ist, ausgesetzt werden. Im Idealfall sollten zwischen der letzten
Einnahme der Lithium-Tabletten und der Blutentnahme 12 Stunden liegen.

Wenn es Schwierigkeiten gibt, selbst an die regelmäßige Einnahme der Tabletten zu denken, kann man in der Apotheke eine so-

genannte *Wochendosierungsschachtel* bekommen. In dieser Schachtel gibt es Platz für jede Tablette, die im Laufe der Woche genommen werden muß. Sie wird zu Beginn der Woche gefüllt, und man hat jeweils einen Überblick über die regelmäßige Tabletteneinnahme. Manchmal kommt es vor, daß man sich während einer Krankheitsepisode sehr schlecht konzentrieren kann und vergeßlich ist. In einem solchen Fall ist es hilfreich, wenn man einen Angehörigen bittet, die richtige Einsortierung der Tabletten zu kontrollieren oder vielleicht ganz zu übernehmen. Man sollte auf keinen Fall versuchen, eine vergessene Dosis »nachzuholen«; ein Ausgleich findet im Laufe der Zeit statt. Insbesondere am Tag vor der Blutuntersuchung darf z.B. aus diesem Grunde unter keinen Umständen eine zusätzliche Tablette genommen werden, da dadurch ein gänzlich falsches Bild hervorgerufen und die erforderliche Dosis falsch nach oben oder nach unten eingestellt wird (das wird später noch erläutert). Man sollte in einem solchen Fall Bescheid sagen und die Blutentnahme einige Tage aussetzen lassen.

Die Tabletten sollen unzerteilt geschluckt werden. Manche müssen mit etwas Flüssigkeit, Wasser o.ä. nachspülen, andere nehmen dazu Buttermilch oder Joghurt. Es ist unwichtig, ob man mehrere Stunden nichts gegessen hat oder gleichzeitig ein Stück Brot zu sich nimmt. Doch sollte die abendliche Tabletteneinnahme nicht nach 22 Uhr erfolgen (aus Rücksicht auf die Blutkontrolle, siehe unten).

Wie viele Tabletten müssen genommen werden?

Das wissen wir erst, wenn der Patient einige Tage Tabletten eingenommen hat, da die wirksame Menge im Blut (der sogenannte »Blutspiegel«) vom Körpergewicht und von der Funktionsfähigkeit der Nieren abhängt. Ein 20jähriger Mann mit 80 kg Körpergewicht benötigt, grob geschätzt, doppelt so viele Tabletten wie eine 60jährige Frau mit 50 kg Körpergewicht. In den allermeisten Fällen beginnt man mit folgender Verordnung:

Jüngere Menschen:
1 bis 2 Tabletten Quilonum retard pro Tag. In jeder Tablette Quilonum retard sind 450 mg Lithium enthalten. Die tägliche Anfangsdosis beträgt also 450 bis 900 mg (oder vom Arzt häufig anders ausgedrückt als 12 bis 24 mmol Lithium)

oder

2 bis 4 Tabletten Lithium-Duriles = 2- bis 4mal 330 mg = 660 bis 1320 mg (= 12 bis 24 mmol Lithium)

Ältere Menschen:
1 bis2 Tabletten Lithium-Duriles = 1- bis 2mal 330 mg = 330 bis 660 mg (= 6 bis 12 mmol Lithium).

Achtung! Die Dosis soll in 2 Portionen, sie kann aber auch auf einmal genommen werden: z.B. 4 Tabletten entweder als 2 + 2 oder 4 insgesamt am Abend. Nach den Blutentnahmen am 5. und 10. Behandlungstag erhält man nähere Anweisungen, in welchem Umfang die Dosis herab- oder heraufgesetzt werden muß, um den für die Wirksamkeit notwendigen Blutspiegel des Lithium zu erreichen.

»Blutspiegel«: Richtlinie für die Behandlung

Eine Therapie mit Lithium setzt eine regelmäßige Untersuchung von Blutproben voraus. Dies geschieht aus zwei Gründen:

• um sicherzustellen, daß man nicht zu wenig Lithium bekommt, und
• um sicherzustellen, daß man nicht zu viel Lithium bekommt.

Man stellt dies anhand der Menge (Konzentration) des Lithiums im Blut, dem sogenannten »Blutspiegel« fest. Ein Grund, warum dies geschieht, ist, daß man im Gegensatz zu den meisten anderen Arzneimitteln die Konzentration von Lithium im Blut kennt, bei der ein Behandlungserfolg am wahrscheinlichsten wird. Der Lithiumspiegel im Blut verändert sich natürlich in Abhängigkeit von der Tabletteneinnahme. Deswegen ist es außerordentlich wichtig, daß immer die gleiche Anzahl Stunden von der letzten Tabletteneinnahme bis zur Blutentnahme vergeht, im besten Fall 12 Stunden. Bei 11 bis 13 Stunden bewegen wir uns aber innerhalb der Realität. Bei 10 bis 14 Stunden haben wir den Zeitraum so weit ausgedehnt, daß man es kaum noch verantworten kann und darf. Wenn die Tabletten 2mal täglich genommen werden, d.h. am Morgen und am Abend, dann darf man also die Tabletten nicht an dem Morgen nehmen, an dem man zur Blutentnahme bestellt ist. Wenn man z.B. um 9 Uhr zur Blutentnahme bestellt ist, dann muß man die letzte Tablette vor 12 Stunden, also am Abend davor um 21 Uhr eingenommen haben.

Wie hoch darf der Lithiumspiegel im Blut sein?

Ein Erfahrungswert, ermittelt durch die eben beschriebenen Blutuntersuchungen, sagt uns, daß der Lithiumspiegel im Blut

0,6 bis 1,0 mmol/l

betragen sollte, sofern die Blutentnahme 12 Stunden nach der letzten Lithiumeinnahme erfolgt ist. Bei einem niedrigeren Blutspiegel als 0,6 mmol/l wird der vorbeugende Effekt nur gering sein. Bei einem höheren Blutspiegel als 1,0 mmol/l nähern wir uns dem Risikobereich für eine Lithiumvergiftung.

Lithiumvergiftungen sind oft dadurch verursacht worden, daß Patient oder Arzt die »Spielregeln« nicht eingehalten haben.

Bei einem Blutspiegel von

- 1,1 bis 1,6 mmol/, muß die Dosis herabgesetzt werden,
- 1,7 bis 1,9 mmol/l muß die Lithiumeinnahme bis auf weiteres eingestellt werden,
- 2,0 mmol/l oder höher muß man sofort ins Krankenhaus eingeliefert werden, da man schon oder beinahe mit Lithium vergiftet ist.

Aber: Dies gilt für Blutproben, die 12 Stunden nach der letzten Lithiumeinnahme abgenommen worden sind. Hat man aber nur 1 oder 2 Stunden vor der Blutentnahme Lithium eingenommen (entweder, weil man vergessen hat, am Tag der Blutentnahme diese Dosis auszulassen oder weil man aus Angst oder Unsicherheit sich nicht genau erinnern kann, ob man nun wirklich regelmäßig seine Tabletten eingenommen hat und nun durch eine Extradosis den Schaden wiedergutmachen will), so riskiert man, daß ein viel zu hoher Blutspiegel gemessen wird. Dieser falsche hohe Wert veranlaßt den Arzt, den Patienten umgehend wegen Verdacht einer Lithiumvergiftung zur Beobachtung oder gar zur Behandlung ins Krankenhaus einzuweisen. Bei ganz regelmäßiger Tabletteneinnahme und voller Offenheit passieren solche Dinge jedoch recht selten.

Überdosierung mit Lithium (Lithiumvergiftung)

Die ersten Anzeichen für eine Überdosierung mit Lithium sind Müdigkeit, zunehmendes Händezittern und innere Unruhe. Bei einer stärkeren Überdosierung fangen auch die Beine zu zittern an, so daß der Gang stolpernd und unsicher wird. Die Arme zittern, der Unterkiefer kann zittern, so daß das Bilden von Worten und die deutliche Aussprache erschwert werden. Dann spricht man auch von einer Lithiumvergiftung. Weiterhin können Übelkeit und Erbrechen, Magenschmerzen und Durchfall auftreten. Aber nicht immer treten Symptome auf, die von Magen oder Darm herrühren. Nach und nach trübt sich das Bewußtsein ein, möglicherweise treten Krampfanfälle auf. In seltenen Einzelfällen ist der Verlauf aufgrund von Schäden am Gehirn oder an den Nieren tödlich gewesen.

Aufmerksamkeit ist geboten, wenn sich die Aufnahme oder die Abgabe von Flüssigkeit ändert:

• bei Krankheit und wenn man deswegen weniger ißt und trinkt als gewöhnlich;
• insbesondere bei Flüssigkeitsverlust durch plötzlichen Durchfall oder wiederholten Saunabesuchen;

- bei großer Hitze – oder bei Auslandsfahrten in heiße Gegenden – wenn man stark schwitzt;
- bei Beginn einer kräftigen Abmagerungskur;
- bei Beginn einer kochsalzarmen Diät;
- bei Einnahme von sogenannten entwässernden Tabletten, den sogenannten *Diuretika* (Ärzte sollten daran denken!).

Wie häufig ist eine Blutentnahme erforderlich?

Das hängt davon ab, wie lange man mit Lithium behandelt worden ist und wie der Verlauf der Behandlung ist. Als Richtlinie kann folgendes angegeben werden:

Im 1. Monat der Behandlung mit Lithium: 1mal wöchentlich
Im 1. Jahr: 1mal monatlich
Danach: 1mal jeden 2. bis 3. Monat.

Eine häufigere Blutentnahme kann erforderlich sein, wenn die Meßwerte nicht konstant liegen.

◆ **Das Allerwichtigste ist eine ganz regelmäßige Tabletteneinnahme.**
Denn so wird sich die Anzahl der Blutproben auf ein Mindestmaß reduzieren lassen. Nur in der Anfangszeit muß häufig Blut abgenommen werden, um die richtige Einstellung der Dosis zu finden.

Mit zunehmendem Alter verlieren die Nieren ganz allgemein und natürlich etwas von ihrer Leistungsfähigkeit. Da nun alles Lithium durch die Nieren wieder ausgeschieden wird, muß auch zu irgendeinem Zeitpunkt die tägliche Dosis ein wenig herabgesetzt werden. Die Leistungsfähigkeit der Nieren kann mit der Zeit durchaus um 25 bis 50 % sinken, und dann wird weniger Lithium ausgeschieden als vorher. Bei unveränderter Lithiumeinnahme wird nach und nach der Gehalt an Lithium in Blut und Gewebe ansteigen; so kann es zu einer Überdosierung oder vielleicht sogar zu einer Lithiumvergiftung kommen. Aus diesem Grunde sind die regelmäßigen Blutproben notwendig, um rechtzeitig die Dosis herabzusetzen (und manchmal auch, um gleichzeitig zu erfahren, ob die Nieren gründlich untersucht und evtl. sogar behandelt werden müssen).

Erwünschte und unerwünschte Wirkungen des Lithiums

Trotz aller Forschung wissen wir heute noch nicht, wie Lithium wirkt. Wir wissen zwar, daß Lithium einen Einfluß auf viele Stoffwechselprozesse hat – aber wir wissen nicht, welche unter den zahlreichen Wirkungen die entscheidende für die günstige Stabilisierung des Stimmungsniveaus ist.

Bei der Behandlung einer Manie mit Lithium kann die Wirkung des Lithiums leicht beobachtet werden, wenn der Übergang von manischer zu ausgeglichener Stimmung erfolgt. Nach 5 bis 10 Tagen verspürt man einen deutlichen Einfluß auf die Stimmung bei gleichzeitig geringen Nebenwirkungen. Wenn wir uns aber mit der vorbeugenden Wirkung beschäftigen, ist die erwünschte Wirkung nur schwer zu erkennen; sie zeigt sich erst im Laufe der Behandlung dadurch, daß man nicht erneut manische oder depressive Krankheitsepisoden erlebt. Man muß sich darüber klar werden, daß trotz der sicheren Wirksamkeit des Lithiums seine vorbeugende Wirkung oft nur ganz allmählich eintritt. Bei einigen Patienten dauert es 6 bis 12, bei anderen bis zu 24 Monaten, bis Lithium seine volle vorbeugende Wirkung erzielt. Man muß deshalb wirklich Geduld haben. Man darf daher auch nicht aufgeben, wenn vielleicht trotz der regelmäßigen Einnahme von Lithium noch eine oder mehrere depressive oder manische Phasen auftreten. Oft wird es so sein, daß diese Episoden weniger heftig sind oder kürzer andauern als man es gewohnt ist. Wenn üblicherweise die manischen Phasen 2 bis 3 Monate angedauert haben, so dauern sie dieses Mal nur 2 bis 3 Wochen, und man fühlt, daß man trotz allem mehr Kontrolle über sich selbst hat.

In gleicher Weise werden depressive Phasen von vielleicht 3 bis 6 Monaten auf 3 bis 6 Wochen verkürzt, und auch hierbei fühlt man sich nicht mehr ganz so schlechter und niedergedrückter Stimmung wie in früheren Phasen. Die alltäglichen Dinge, auch wenn sie anstrengend sind, werden besser erledigt. Die nächste Krankheitsepisode tritt vielleicht viel später als erwartet auf und ist vielleicht milder als früher.

Während sich also die erwünschten Wirkungen des Lithiums oft nur langsam und stufenweise zeigen, sind manche der unerwünschten Wirkungen, der Nebenwirkungen des Lithiums viel schneller da.

Nun, wieweit sollen wir eigentlich von den Nebenwirkungen des Lithiums berichten? Manche werden meinen, daß wir damit viele auffordern, mit unnötiger oder gar übertriebener Aufmerksamkeit die eigene Befindlichkeit zu registrieren, mit anderen Worten also, sich mehr Gedanken über die Krankheit zu machen als erforderlich ist. Wir glauben aber, daß es auf der anderen Seite für alle Beteiligten besser ist, wenn nichts verheimlicht wird. Tritt eine unerwünschte Wirkung auf, so wird sie auch ohne unser Dazutun bemerkt. Vielleicht bemerkt man sie schneller, wenn man etwas darüber gehört oder gelesen hat; aber das ist nur gut, da man dann mit seinem Arzt darüber sprechen kann, ob es sich tatsächlich um eine unerwünschte Wirkung handelt oder ob – wenn es so ist – etwas gegen diese unerwünschten Wirkungen getan werden kann oder sollte.

Nebenwirkungen von Lithium

Der Beginn einer Behandlung mit Lithium ist oft mit Nebenwirkungen während der ersten beiden Wochen verbunden:

- Händezittern,
- Knurren und Drücken im Magen,
- häufigeres Wasserlassen,
- verstärktes Durstgefühl,
- Schwellung der Schilddrüse,

- Gewichtszunahme,
- blockiertes Stimmungsniveau.

In dieser Weise aufgelistet, sieht das Ganze ziemlich furchterregend und entmutigend aus. Das ist es auch für ca. 10 bis 20 % der Patienten, die Lithium versuchen. Einige von diesen 10 bis 20 % werden vielleicht auf eigene Initiative hin oder nach Beratung mit ihrem Arzt mit der Einnahme von Lithium aufhören, da die Nebenwirkungen zu unangenehm sind. Für die große Mehrzahl aber sind die Nebenwirkungen nur schwach ausgeprägt oder jedenfalls so erträglich, daß sie sie wegen der erwünschten Wirkungen in Kauf nehmen und die Behandlung mit Lithium fortsetzen.

Händezittern. Das ist eine Nebenwirkung, die sich schnell, bereits nach den ersten Tabletten, einstellen kann. Die Hände können auf vielerlei normale und krankheitsbedingte Weise zittern. Einmal gibt es das leichte Beben, wenn man heimlich die Hand des Geliebten hält, sowie das etwas stärkere Zittern, wenn man zu einer Prüfung muß, oder aber auch das sehr starke Zittern oder Schütteln bei älteren Menschen (und bei Menschen mit Parkinson-Krankheit = Schüttelkrankheit). Ob man unter Lithiumbehandlung Händezittern bekommen wird oder nicht, kann nicht vorausgesagt werden. Jeder Dritte merkt gar nichts, bei den übrigen bemerkt man die ganze Skala vom leichten bis zum schweren Zittern, bei dem man schließlich nicht einmal die Kaffeetasse zum Mund führen kann, ohne etwas zu verschütten. Ein besonderes Problem ergibt sich, wenn der Beruf sehr feine Fingerarbeit erfordert, z.B. als Stenograph oder als Uhrmacher.

Bei einigen verschwindet diese Nebenwirkung mit der Zeit (und übrigens immer sofort nach Beendigung der Lithiumeinnahme). Es gibt Arzneimittel gegen dieses Händezittern. Sie werden Betablocker genannt, weil sie die Signale in einer bestimmten Art von Nervenkontaktpunkten (= Synapsen) blockieren. Bei den meisten wird das durch Lithium bedingte Zittern unter der Einnahme von Betablockern ganz oder teilweise verschwinden. Einer der Vorteile bei der Tabletteneinnahme kurz vor dem Schlafengehen (entweder durch die einmalige Einnahme oder bei zwei Portionen durch Einnahme der größeren Dosis gegen Abend) ist, daß man während der Nacht darüber hinwegschlafen kann, da das Händezittern besonders in den ersten Stunden nach Einnahme der Tabletten ausgeprägt ist. Der Schlaf wird durch Lithium nicht beeinträchtigt.

Knurren und Drücken im Magen. Die Lithiumtabletten sollen unzerteilt verschluckt werden. Je nach Zusammensetzung der Tabletten werden sie mehr oder weniger schnell vom Magen und vom Darm aufgenommen. Die meisten merken nichts von dem Weg der Lithiumtabletten durch den Verdauungstrakt, einige wenige jedoch fühlen Unruhe, Drücken oder Kneifen im Magen, unabhängig davon, ob die Tabletten zusammen mit einer Mahlzeit oder auf nüchternen Magen genommen werden. Bei einigen werden diese leichten Magenbeschwerden von häufigem Stuhlgang oder der Tendenz zu einem leichten Durchfall begleitet sein. Es ist durchaus möglich, daß eine andere Art von Lithiumtabletten weniger Beschwerden macht. Man sollte es mit seinem Arzt besprechen. Bei vielen werden die Magenbeschwerden von selbst nach kurzer Zeit während der Lithiumbehandlung verschwinden. Es ist, als ob Magen und Darm sich an die neue Situation gewöhnt haben, und es gibt keine Anzeichen dafür, daß Lithium Magen- oder Darmkrankheiten auslöst.

Durstgefühl (Einfluß auf die Nieren). Verstärktes Durstgefühl zeigt sich erst im Laufe einiger Wochen oder Monate. Bei etwa zwei Drittel wird verstärktes Durstgefühl auftreten. Es wird dadurch hervorgerufen, daß Lithium sowohl die Nieren als auch das Durstzentrum im Gehirn beeinflußt. Genauso wie sich das verstärkte Durstgefühl nach und nach einstellt, wird auch nach Beendigung der Lithiumeinnahme einige Zeit, einige Wochen, vergehen, bis das Gefühl wieder verschwunden ist.

Etwas, was nur nach und nach eintritt, bemerkt man erst spät. Die wenigsten von uns wissen, wieviel wir eigentlich täglich trinken. Manche trinken weniger als einen Liter, andere zwei bis drei Liter (mit entsprechend vermehrter Urinbildung als Folge). Unter Lithium erreichen manche eine Flüssigkeitsaufnahme von zwei bis vier Litern täglich mit entsprechender Urinausscheidung, einige wenige nehmen sogar sechs bis zehn Liter zu sich. Wichtig ist, daß man auf die Möglichkeit des verstärkten Durstgefühls vorbereitet ist, so daß man seinen Durst auf vernünftige Art und Weise stillen kann. Das heißt in diesem Zusammenhang: kalorienarme Getränke. Wenn man nämlich seinen normalen bescheidenen Durst gewöhnlicherweise mit kalorienhaltigen Getränken wie Milch oder Bier stillt, wird man zunehmen. Daher ist gewöhnliches Leitungswasser, Mineralwasser, Tee und Kaffee ohne Zucker gut geeignet. Zuckerfreies Kaugummi hilft bei einigen, aber nicht so gut wie bei trizyklischen Antidepressiva. Der Unterschied ist nämlich der, daß bei trizyklischen Antidepressiva Mundtrockenheit auftritt, nicht aber eigentliches Durstgefühl, während Lithium erhöhtes Durstgefühl und keine eigentliche Trockenheit im Munde hervorruft.

Noch eine weitere Seite des verstärkten Durstgefühls muß erwähnt werden. Wenn man gewohnt ist, seinen Durst mit Bier oder anderen alkoholischen Getränken zu stillen, dann kann man nicht nur ein Kalorienproblem, sondern auch noch ein Alkoholproblem bekommen.

Möglicherweise sind die Nieren mehr als andere Organe von der Wirkung des Lithiums betroffen, da das gesamte Lithium mit dem Urin wieder ausgeschieden wird und dafür die Nieren passieren muß. Aus diesem Grunde müssen regelmäßige Blutproben zur Überprüfung der Nierenfunktionsfähigkeit vor Beginn und im Verlauf der Lithiumtherapie vorgenommen werden, gleichzeitig mit der Blutentnahme zur Bestimmung von Lithium im Blut.

Und, um es noch einmal zu betonen, ausreichende Zufuhr von Flüssigkeit (mindestens 1,5 Liter in 24 Std.) und Kochsalz (mindestens 3 bis 5 g/Tag) sowie Vermeidung von plötzlichen Anstiegen, sogenannten »Spitzen« der Lithiumkonzentration im Blut durch unzuverlässige Einnahme der Lithiumtabletten, sind wichtig, um Gefahren für die Nieren zu vermeiden.

Schwellung und Unterfunktion der Schilddrüse. Einige unserer Stoffwechselprozesse werden von der Schilddrüse, die unterhalb des Kehlkopfes liegt, aus gesteuert, indem deren Hormone (z.B. Thyroxin) die Geschwindigkeit von Stoffwechselprozessen mitbestimmen. Bei Kindern und Männern kann man normalerweise die Schilddrüse nicht erkennen. Bei jüngeren Frauen aber kann man häufig die Umrisse der Schilddrüse in Form einer leichten Erhebung auf der Halsvorderseite bemerken. Die Größe der Schilddrüse wechselt bei Frauen in Abhängigkeit von der Menstruation. Sehr oft bemerkt die Frau in der Woche vor der Menstruation eine Zunahme des Halsumfanges und – dadurch bedingt –, daß die Kleidung während dieser Tage enger am Hals anliegt.

Es wurde bereits früher gesagt, daß Lithium in den Ablauf verschiedener Stoffwechselprozesse und daher auch in die Funktion der Schilddrüse selbst eingreift. Bei etwa jedem Fünften der Patienten mit einer Lithium-Langzeitbehandlung führt dies zu einer Vergrößerung der Schilddrüse, bei ca. 5 bis 8 % zu einer abnorm niedrigen Schilddrüsenfunktion.

Eine deutliche Vergrößerung der Schilddrüse wird »*Kropf*«, in der Arztsprache auch »*Struma*« genannt. Manche werden diese Halsverdickung nach einigen Monaten der Lithiumbehandlung bemerken, zur gleichen Zeit oder etwas später vielleicht begleitet von geringen Beschwerden beim Schlucken. Diese Beschwerden sollte man selbstverständlich beim nächsten Arztbesuch zur Sprache bringen. Bei einer kräftigen Schilddrüsenvergrößerung, die zu einer spürbaren Belästigung führt, ist eine Behandlung angezeigt. Die Behandlung ist recht einfach und wird mit einem Schilddrüsenhormon (Thyroxin) in Tablettenform durchgeführt. In der Regel kann die Lithiumbehandlung wie gewohnt fortgeführt werden. Die Zufuhr von Thyroxin bedingt eine Verminderung der Eigenproduktion der Schilddrüse an Thyroxin. Dadurch verkleinert sie sich etwas bzw. geht vollständig auf die ursprüngliche Größe zurück.

Wesentlich seltener wird die Schilddrüse derart beeinflußt, daß sie nicht mehr in der Lage ist, ihrer Aufgabe der Hormonproduktion ausreichend nachzukommen (= *Unterfunktion der Schilddrüse* = *Myxödem*). Das äußert sich in Müdigkeit, tiefer und rauher Stimme, Empfindlichkeit gegen Kälte, trockener Haut, übermäßiger Schlafneigung. Es ist einem immer kalt, selbst in Räumen, in denen andere es reichlich warm finden, und man kann überall und immer schlafen. Manchmal denkt man dabei an die Wiederkehr einer leichten Depression, aber Antidepressiva helfen dagegen nicht. Auch diese Nebenwirkung ist nicht schwer zu behandeln. Das gleiche Thyroxin, das bei einer vergrößerten, aber normal arbeitenden Schilddrüse eingesetzt wird, ist auch bei einem verminderten Stoffwechsel wirksam.

Obwohl die Nebenwirkungen des Lithiums auf die Schilddrüse recht dramatisch aussehen können, gehören sie doch zu denjenigen, die sich am einfachsten behandeln lassen.

Gewichtszunahme. Dies ist möglicherweise das größte Problem bei der Langzeitbehandlung mit Lithium. Und es ist ein Problem, für das es keine einfachen Lösungsmöglichkeiten gibt. Ein Gewichtsproblem entwickelt sich bei etwa 2 von 3 Lithiumpatienten und häufiger bei Frauen als bei Männern. Wenn man zu diesen zwei Dritteln gehört, so wird man in den ersten zwei Jahren der Lithiumbehandlung zwischen vier und sieben Kilogramm zunehmen; bei manchen wird es mehr, bei anderen weniger sein. Die meisten verlieren das vermehrte Gewicht wieder, oder es bleibt unverändert, bei einigen wenigen wird es aber weiter ansteigen.

Was man an Gewicht zugenommen hat, kann man gewöhnlich schwer wieder abnehmen. Das trifft auch für eine Gewichtszunahme während einer Lithiumbehandlung zu. Was kann man also zur Vorbeugung tun?

Sie sollten auf 2 Dinge achten,

- auf die Kohlenhydrate und
- auf die Getränke

Die Kohlenhydrate stehen immer im Mittelpunkt der Aufmerksamkeit, wenn man Neigung oder Veranlagung zu einer Gewichtszunahme hat, ganz unabhängig von Lithium. Manche verspüren einen enormen Heißhunger; man muß dabei ganz besonders auf Süßigkeiten und Kuchen achten. Vor allem auch dann, wenn man aufgrund der Lithiumeinnahme durstig wird. Viele Getränke enthalten Kalorien, z.B. das Bier, die Coca Cola oder der Apfelsaft. Durch die Beachtung von Kohlenhydraten und deren Anteil in Getränken kann schon viel gewonnen werden; doch leider ist das Problem wesentlich komplizierter. Einige nehmen trotzdem an Gewicht zu. Für manche wird die Gewichtszunahme zum größten Problem, wenn sie nach einiger Zeit Vor- und Nachteile einer Lithiumtherapie abwägen wollen. Dieses Problem wirkt sich recht verschieden aus. Für einen 50jährigen Mann ist eine Gewichtszunahme von fünf bis zehn Kilogramm eher zu ertragen als für eine 20jährige Frau.

Wir können nur zu gut nachfühlen, wie die hart erkämpfte Annahme einer Lithiumtherapie wegschmilzt, wenn man bei jedem Blick in den Spiegel oder bei jedem Wiegen mißmutig und unzufrieden wird. Regelmäßiger Sport oder körperliche Betätigung können meistens dabei helfen, einige Kilo wieder »herunterzubekommen«.

Blockiertes Stimmungsniveau. Man kann nur schwer die rechten Worte zur Beschreibung dieser unerwünschten Wirkungen des Lithiums finden, wohl auch, weil sie von verschiedenen Menschen unterschiedlich aufgefaßt und beschrieben werden.

Lassen Sie uns zunächst von unseren eigenen Beobachtungen berichten, als zehn gesunde Personen im Rahmen eines Forschungsprogramms eine Woche lang Lithium einnahmen. Sieben bemerkten gar nichts, einer fühlte sich etwas unkonzentriert, und zweien war auf eigenartige Weise sonderbar zumute.

So ist es auch bei manisch-depressiven Menschen, die Lithium bekommen. Die meisten verspüren keine Nebenwirkungen psychischer Art, einige wenige aber doch. Für 5 bis 10 % aller Lithiumpatienten ist es wohl wirklich ein Problem. Daher ist es schon wichtig, daß wir uns gründlich damit beschäftigen. Die Gewichtszunahme ist ein Problem bei vielen; die psychischen Nebenwirkungen sind nur ein Problem bei wenigen, berühren aber sehr eingehend die Frage: Inwieweit können und dürfen chemische Verbindungen auf das Verhalten und die Gefühle Einfluß nehmen?

Lassen Sie uns das an zwei Beispielen erläutern:

Fallbericht

Wenn die Manie als angenehm empfunden wird

Eine 25jährige Frau hatte seit ihrem 17. Lebensjahr zahlreiche manische und depressive Stimmungsänderungen. Während der Depression hatte sie mehrere Male einen Selbstmord versucht. Während ihrer Manien wurde sie zweimal schwanger und sechsmal mit einer Geschlechtskrankheit angesteckt. Sie erlebte die Manien als etwas Unerträgliches, so als ob sie willenlos durch das Kraftfeld der Ereignisse gezogen wurde. Auf andere wirkte sie ungemein gutgelaunt und vital, aber selbst fühlte sie sich ganz in der Macht und in der Gewalt von unbekannten Kräften.

Mit einer Lithiumtherapie stabilisierte sich ihre Stimmung im Laufe weniger Monate. Die Angehörigen atmeten erleichtert auf. Die Ärzte und das Pflegepersonal im Krankenhaus beobachteten, daß sie von Tag zu Tag mehr sie selbst wurde, mehr Kontrolle über ihre Gedanken und Gefühle bekam. Der einzige Mensch, der nicht zufrieden war: die Patientin selbst. Sie erzählte nämlich, daß sie fortdauernd deprimiert war. Nichts war wie in alten Tagen. Erst nach und nach wurde uns klar, daß diese junge Frau zwischen ihren heftigen melancholischen und manischen Phasen die meiste Zeit in gehobener Stimmung gewesen war. In der Fachsprache nennt man das Hypomanie (= »Untermanie« – aber gleichzeitig über dem ausgeglichenen Stimmungsniveau; man könnte auch leichte Manie dazu sagen). Die Patientin war so sehr an diese Hypomanie mit ihrer sprudelnden Lebenslust und -energie gewöhnt, daß sie meinte, das sei ihre Natur und Persönlichkeit. Sie haßte die manischen Phasen, aber sie liebte das sorglose Dasein ihres hypomanischen Zustandes. Das Lithium zog sie in den grauen Alltag hinunter, in dem sich die meisten von uns befinden. Aus ihrer Sicht war dieses neutrale Stimmungsniveau düster und reizlos. Sie fühle sich leicht deprimiert. Als wir ihr diese Situation darzustellen versuchten, verstanden wir uns plötzlich. Es brach aus ihr heraus: »So lebt ihr also! Am Grunde des Meeres in einem Tangwald! Nein, ich will lieber mein goldenes Leben zurück haben, egal, wie ihr es nennt! Lieber nehme ich die Manie in Kauf, obwohl das verdammt ungemütlich ist!« Das war ihre Entscheidung.

Wir haben nicht versucht, sie umzustimmen. Sie wußte, wo Hilfe zu holen war, wenn sie welche benötigte. Jedesmal, wenn sie in eine tiefe Depression verfiel, kam sie zu uns, und treue Freunde brachten sie auch jedesmal zu uns, wenn sie wieder eine heftige Manie bekommen hatte.

Im Gegensatz hierzu steht die folgende Geschichte:

Fallbericht

»Lithium kann auch bei dauerhafter depressiver Verstimmung helfen«

Ein Verwaltungsangestellter im Alter von ungefähr 50 Jahren hatte sich von Jugend an weniger aufgelegt gefühlt als andere. Er konnte sich nicht amüsieren, und die Arbeit war ihm immer eine schwere Pflicht. Andere hatten geglaubt, daß er ein »Griesgram« sei. Im Alter von etwa 40 Jahren bekam er eine schwere Depression, und in jedem der nachfolgenden drei bis vier Jahre eine weitere depressive Phase von drei bis sechs Monaten Dauer. Er erhielt abwechselnd Elektrostimulationstherapie und trizyklische Antidepressiva mit gutem Erfolg. Nach der vierten melancholischen Phase begann er mit Lithium. Seitdem hat er keine

Depression mehr bekommen. Aber was ihn selbst am meisten überraschte, war, daß er im Laufe des ersten Behandlungsjahres mit Lithium wesentlich aktiver und zufriedener wurde. Den Tag begann er nun mit guter Laune und einem Arbeitseifer, den er früher nie gekannt hatte. Während der vorangegangenen 15 bis 20 Jahre war er vermutlich nur ganz gering, aber konstant depressiv gewesen. Man könnte das im Gegensatz zur »Hypomanie« als »Hypodepression« bezeichnen. Für ihn war die stimmungsstabilisierende Wirkung doppelt günstig: Er bekam keine weiteren Depressionen, und gleichzeitig wurde seine Grundstimmung aufgehellt.

Für beide eben beschriebenen Menschen gilt, daß Ausgangspunkt und Perspektive entscheidend dafür sind, wie man selbst die Wirkung des Lithiums beurteilt.

Es sollte noch einmal hervorgehoben werden, daß die aufgeführten psychischen Nebenwirkungen nur bei 5 bis 10 % aller Lithiumpatienten auftreten. Die überwiegende Mehrzahl verspürt keinerlei Beeinträchtigung ihrer Grundstimmung durch Lithium. Vielleicht gibt es einige, die sich in ihren Gedanken und Gefühlen weniger frei fühlen. Ihre gefühlsmäßige Beziehung zu anderen Menschen mag etwas schwächer sein als vorher, oder sie haben den Eindruck, daß das Gedächtnis und die Kombinationsfähigkeit etwas nachgelassen haben. Das kann aber durch das Gespräch mit dem Psychiater oder mittels Testuntersuchung durch einen Psychologen nur sehr selten nachgewiesen werden. Möglicherweise sind die Veränderungen zu zart, um mit unseren noch ziemlich groben Untersuchungsmethoden erfaßt werden zu können. In jedem Fall sollte man, wenn man etwas dergleichen verspürt, mit dem Arzt darüber sprechen.

Letzten Endes bestimmt man selbst, ob Lithium die richtige Lösung für einen selbst ist oder nicht.

Carbamazepin und Valproat in der vorbeugenden Behandlung

Wie wir bereits bei der Behandlung der Manie geschrieben haben, gibt es heute auch noch andere medikamentöse Möglichkeiten der Rückfallverhütung bei der manisch-depressiven Erkrankung. Einige Medikamente, die gegen Epilepsie eingesetzt werden, wie zum Beispiel **Carbamazepin** (Handelsnamen: Fokalepsin, Tegretal, Timonil) oder **Valproat** (Handelsnamen: Convulex, Ergenyl, Orfiril) besitzen ähnliche rückfallverhütende Wirkungen wie die Lithiumsalze. Sie werden manchmal Patienten gegeben, denen

* Lithium nicht geholfen oder
* zu starke Nebenwirkungen hervorgerufen hat.

Lithium sollte aber immer zuerst versucht werden, da seine Wirkung auf die Rückfallverhütung am besten belegt ist. Manchmal werden Lithium und Carbamazepin oder Valproat auch gemeinsam versucht.

Ähnlich dem Lithium wird die Dosis von Carbamazepin und Valproat auch langsam gesteigert, bis der gewünschte Spiegel des Medikaments im Blut erreicht ist, von dem man weiß, daß er Rückfälle verhindert. Die Blutspiegel liegen bei

* 5–10 mg/ml für Carbamazepin und
* 50–100 mg/ml für Valproat.

Diese Blutspiegel werden gewöhnlich bei einer täglichen Dosis von 600 bis 1200 mg Carbamazepin und von 1200 bis 1800 mg Valproat erreicht. Eine Überwachung der Blutspiegel sollte auch hier etwa alle zwei bis drei Monate erfolgen, zu Beginn der Behandlung öfters.

Auch haben diese beiden Medikamente Nebenwirkungen, allerdings gewöhnlich seltener als bei Lithium:

Bei **Carbamazepin** kann es zu Veränderungen des Blutbildes (die Zahl der weißen Blutkörperchen, der Leukozyten, kann absinken) und der Haut kommen. Schwindel, vor allem zu Behandlungsbeginn, kann ebenso auftreten wie Übelkeit und allergische Reaktionen.

Bei **Valproat** treten am häufigsten auf: Unwohlsein im Bereich des Magens und der Verdauung, wie zum Beispiel Übelkeit und Durchfall.

Antidepressiva in der vorbeugenden Behandlung

Im Kapitel über die Behandlung der Depression mit Antidepressiva erwähnten wir, daß die meisten Patienten die Medikation noch ein weiteres halbes Jahr nach der Genesung fortsetzen sollten, um einen raschen Rückfall zu verhindern. Danach sollte versucht werden, die Dosis nach und nach herabzusetzen. Die meisten können dann im Laufe von in bis zwei Monaten vollständig mit den Tabletten aufhören, aber bei einigen treten die Depressionssymptome bald wieder auf. Das deutet darauf hin, daß die Dosis wieder erhöht und noch längere Zeit hindurch genommen werden sollte. Wenn sie über mehrere Jahre hinweg angewandt wird, dann ist das praktisch eine vorbeugende Behandlung. Aber es muß hervorgehoben werden, daß nur bei Personen mit ausgesprochener Neigung zu Depressionen diese Antidepressiva vorbeugend angewandt werden können. Bei manisch-depressiven Patienten mit einem Risiko sowohl für Manie als auch für Depression sind sie hingegen nicht angezeigt.

Arzt und Kranker

An wen kann man sich wenden?

Am besten ist es, wenn man einen guten Hausarzt hat, einen, der einen gut kennt und den man selbst auch gut kennt. An ihn sollte man sich zuerst wenden. Er wird am besten Rat geben und in vielen Fällen sogar selbst behandeln können. Der Hausarzt weiß auch am besten, an wen er den Patienten überweisen muß, wenn er die Behandlung nicht selbst vornehmen kann oder nicht fortsetzen will, z.B. bei einem unbefriedigenden Ergebnis der Behandlung. Man kann einen niedergelassenen Psychiater bzw. Nervenarzt auch direkt aufsuchen oder eine psychiatrische Abteilung in einem allgemeinen Krankenhaus oder direkt ein psychiatrisches Krankenhaus. Wenn der Hausarzt oder der Facharzt zu dem Urteil kommen, daß man sich in einem schlimmen, verzweifelten oder selbstmordgefährlichen Zustand befindet, daß man sich nicht mehr selbst versorgen kann oder auch, daß die Familie mit den Belastungen, die aus der Krankheit entstehen, nicht mehr fertig wird (s. S. 89 f), dann werden sie einem eine Einweisung in ein Krankenhaus empfehlen.

Die Vorteile der Behandlung im Krankenhaus

Man mag den Gedanken, in ein Krankenhaus zu gehen, ablehnen, weil man Krankenhäuser ganz allgemein nicht mag oder weil man sich nicht behandeln lassen will oder weil man sich selbst oder anderen damit eingestehen würde, daß man an einer psychischen Krankheit leidet. Nach ein oder zwei Tagen im Krankenhaus fühlen indessen viele depressive Patienten dadurch eine Entlastung, daß sie an einem Ort sind, wo jeder ihre Depression akzeptiert und wo sie sie nicht verbergen müssen. Auch im Krankenhaus ist man stets ein Mensch mit eigenen Rechten.

Die folgende Fallgeschichte soll verdeutlichen, daß eine Krankenhausbehandlung nach langwieriger ambulanter Behandlung unter bestimmten beruflichen und häuslichen Belastungen eine schnelle Genesung bewirken kann:

Fallbericht

Die stationäre Behandlung kann Entlastung bringen

Eine 43jährige Patientin, die sich in unserer Ambulanz vorstellte, schilderte, daß sie seit 1 Jahr an einer depressiven Verstimmung leide. Sie wache morgens mit der Angst auf, die Anforderungen des Tages nicht bewältigen zu können. Bei der Arbeit könne sie sich kaum noch konzentrieren, alles sei ihr zuviel. Nichts bereite ihr mehr Freude. Und trotz der Behandlung durch den Hausarzt hätten sich die Beschwerden kaum gebessert. Jetzt sei sie verzweifelt und glaube nicht mehr an eine mögliche Besserung. In letzter Zeit habe sie auch schon über Selbstmord nachgedacht. Bei der Frage nach den derzeitigen Lebensumständen schilderte die Patientin, daß sie die ganze Zeit während der Krankheitsphase ihrer Halbtagstätigkeit als Schreibkraft in einem Büro nachgegangen sei und obendrein den Haushalt der vierköpfigen Familie erledigt und regelmäßig jeden Tag gekocht habe. Durch die beiden jugendlichen Söhne habe sie ebenso wenig Unterstützung erhalten wie durch den Ehemann, der in seinem Beruf als Bankkaufmann sehr engagiert war. Verständnis für ihre schwierige Lage wurde durch die Familie wenig aufgebracht, im Gegenteil hatte sie manchmal noch den Eindruck, daß ihre Beschwerden nicht ernstgenommen wurden. Da der Hausarzt bereits eine Behandlung mit 2 verschiedenen Antidepressiva vergeblich unternommen hatte, und wir erkannten, daß die Patientin durch den Beruf und die familiäre Situation, in der sie keine Entlastung erfuhr, überfordert war, empfahlen wir der Patientin eine stationäre Behandlung. Sie willigte anfangs nicht ein, da sie befürchtete, daß sie ihren Arbeitsplatz verlieren und ihre Familie ohne sie nicht zurechtkommen könne. Schließlich entschied sie sich doch zur stationären Behandlung. Bereits kurze Zeit nach der Aufnahme fühlte sie sich entlastet, und die Behandlung machte rasch große Fortschritte. Nach einer 6wöchigen Behandlung konnte die Patientin gesund entlassen werden. Nach einer weiteren 3wöchigen Krankschreibung konnte sie schließlich zunächst stundenweise ihre Tätigkeit als Schreibkraft wieder aufnehmen.

Am natürlichsten erschiene es, wenn der Allgemeinarzt oder Facharzt, der einen vor der Einweisung behandelt hat, einen auch im Krankenhaus weiter sehen und behandeln könnte. Aus einer Reihe von Gründen geht dies aber nicht. Der niedergelassene Arzt ist vielleicht überlastet und könnte nicht regelmäßig kommen. Oder: Wenn man ins Krankenhaus eingewiesen wurde, weil die Behandlung bisher erfolglos war, dann ist es vielleicht besser, wenn andere Ärzte mit spezialisierten Kenntnissen die Behandlung übernehmen. Aber man sollte es nicht dulden, mit mehreren Ärzten zu tun zu haben, ohne zu wissen, wer von ihnen nun speziell für einen verantwortlich ist. Das muß keineswegs nur der Chefarzt sein. Ein Stationsarzt wird viel weniger durch andere Verpflichtungen abgelenkt sein. Wesentlich ist der regelmäßige Kontakt. Auch wenn auf der Station Gruppenaktivitäten oder Gruppentherapie vorherrschen, hat man das Recht, mit dem Arzt (oder der Schwester) alleine zu sprechen, wenn einem danach ist.

Zwei Dinge, die man seinem Arzt sagen sollte

Haben Sie jemals versucht, eine Zündkerze aus dem Motor Ihres Autos herauszunehmen, weil ein Ventil klapperte? Und haben Sie, wenn das Auto dann Fehlzündungen bekam, das Benzin gewechselt und eines mit einer anderen Oktanzahl genommen? Um dann schließlich in eine Werkstatt zu fahren und dem Automechaniker zu sagen, daß irgend etwas mit dem Auto nicht stimme? Das ist genau das, was man tut, wenn man die Dosierung oder sogar die Art der Medikation ändert, ohne das mit seinem Arzt zu besprechen, oder gar, ohne ihn auch nur darüber zu informieren. Jeder Patient hat das vermutlich schon mal getan – oder wird es eines Tages tun. Das tun sogar Mütter, denen gesagt wurde, daß sie ihren Kindern Antibiotika wegen einer akuten Infektion geben sollten. Es ist schon ziemlich merkwürdig, wie wir alle uns verhalten. Es ist jedenfalls ein Weg, auf dem man seinen Arzt in die Irre führt und sich selbst betrügt. Deshalb wäre es schon ein guter Gedanke, sich so nicht zu verhalten.

Zum anderen sollte man seinem Hausarzt oder seinem Psychiater die seelischen ebenso wie die körperlichen Beschwerden schildern, denn man leidet an einer Krankheit, die sowohl den Körper als auch die Seele betrifft. Gelegentlich kann man einem Psychiater begegnen, der nicht dieser Meinung ist, sondern die Krankheit ausschließlich psychologisch zu erklären und zu behandeln sucht. Und man kann auf andere Ärzte treffen, die sich ausschließlich mit den körperlich biologischen Seiten der Krankheit beschäftigen und einen wie eine zusammengebrochene Maschine behandeln. Dem sollte man nicht Vorschub leisten, indem man sich darauf beschränkt, nur seelische Probleme oder nur körperliche Beschwerden zur Sprache zu bringen.

Behandlung durch den niedergelassenen Arzt oder im Krankenhaus?

Wer kümmert sich nun um regelmäßige Kontrollen, wenn man eine Langzeitbehandlung braucht, z.B. mit Lithium? Wir meinen, daß dies Aufgabe eines Psychiaters ist, auch wenn einige Allgemeinärzte dies ebenfalls gut können, wenn sie sich über die modernen Entwicklungen auf diesem Spezialgebiet auf dem laufenden gehalten haben. Manche Hausärzte werden aber meinen, daß sie zu wenig (manisch-)depressive Patienten sehen, um genügend Erfahrung zu haben.

Der Psychiater kann in eigener Praxis oder im Krankenhaus arbeiten. Eine ganze Reihe psychiatrischer Abteilungen, Kliniken und Krankenhäuser haben spezielle ambulante Behandlungsmöglichkeiten (manchmal auch »Lithium-Kliniken« oder »Ambulanzen« genannt) eingerichtet, um eine angemessene Langzeitbehandlung für Patienten mit krankhaften Stimmungsschwankungen sicherzustellen. Auch dabei kann der Hausarzt einem am besten raten, wohin man sich wenden muß.

Die Überwachung der Behandlung sowohl durch den niedergelassenen Psychiater als auch durch ein Nachbehandlungszentrum hat jeweils Vor- und Nachteile. Bei ersterem hat man, genauso wie bei seinem Hausarzt, Kontakt immer mit dem gleichen Arzt, und dadurch kann im Laufe der Jahre ein mehr persönliches Verhältnis entstehen. Aber wenn dieses Verhältnis unterbrochen wird, z.B. durch eine Erkrankung des Arztes oder während seines Urlaubes, dann gibt es manchmal niemanden, der die Behandlung übernehmen kann. Im Krankenhaus wechseln die Ärzte immer wieder einmal – manchmal zu häufig –, aber auf der anderen Seite wird immer jemand da sein, der mit der Krankengeschichte als Grundlage jederzeit die Behandlung übernehmen kann. Die jeweils beste Lösung muß daher nach den eigenen Wünschen und den vorhandenen Möglichkeiten ausgewählt werden.

Familie und Kranker – die Rolle der Angehörigen

Verwandte von manisch oder depressiv Kranken haben uns gesagt, daß sich dieses Büchlein hauptsächlich an Patienten wendet und daß wir die Angehörigen vergessen hätten. Aber was soll man ihnen sagen? Daß es manchmal schwierig ist, für Wochen oder Monate mit einem depressiv Kranken oder einem Maniker zusammenzuleben? Das wissen sie natürlich selbst am besten.

Die Unsicherheit der Angehörigen im Umgang mit depressiven Menschen kommt in einem Brief zum Ausdruck, den uns ein 60jähriger Mann schrieb, dessen Ehefrau in unserer Ambulanz behandelt wurde:

Fallbericht

Ein Angehöriger fragt

»...Für die Angehörigen ist es besonders schwer, Verständnis für das Verhalten eines depressiv Kranken zu haben, besonders dann, wenn sich die Depressionen über viele Jahre erstrecken. Die Probleme bei der Unterstützung eines kranken Menschen durch seine Angehörigen sind sicherlich sehr vielschichtig. Geduld und Verständnis für den Kranken vorausgesetzt, ergibt sich doch die Frage: Darf man grundsätzlich keine Forderungen an den depressiven Menschen stellen? Kann die Übertragung bestimmter häuslicher Verpflichtungen nicht mithelfen, ihn aus seinem Zustand heraus zu holen? Können Menschen ohne Arbeit oder Hobbys eher an Depressionen erkranken?...«.

Zu viel beobachten und zu spät eingreifen

Meist werden Ehepartner (oder andere, die in einer ähnlich engen und langdauernden Beziehung mit dem Kranken leben) die erste depressive oder manische Episode ihres Partners erst ziemlich spät erkennen. Man kann zwar die Veränderung der Stimmung oder manche Äußerung des anderen nicht recht verstehen. Aber die Änderungen entwickeln sich manchmal so zart und allmählich, daß es schwierig ist, sich darüber klarzuwerden, was tatsächlich los ist. Wenn eine Hausfrau beginnt, Ehemann und Kinder zu vernachlässigen, liegt es vielleicht näher, dies als nachlassende Liebe und Fürsorge für die Familie zu deuten, statt an eine beginnende Depression zu denken. Wenn ein Ehemann die Zuneigung seiner Frau nicht mehr beachtet, heißt das nicht unbedingt, daß er sie nicht mehr liebt. Ist er depressiv, hat er nur die Fähigkeit verloren, ihre Liebe und Zärtlichkeit zu erwidern. Man fürchtet, daß etwas mit der Ehe nicht stimmt, daß irgendein anderer wichtiger geworden ist, daß man schuld habe usw. Solche Gedanken könnten besonders dann auftauchen, wenn die Ehe/Partnerschaft durch Konflikte belastet ist.

Später – nach der ersten Krankheitsepisode – ist die Situation ganz anders. Ehepartner, Kinder und Eltern beachten vielleicht jede geringfügige Stimmungsänderung, um keine wichtigen Zeichen der möglicherweise wiederkehrenden Krankheit zu übersehen. Das kann sich zu einer Vergiftung der Familienatmosphäre auswachsen, und der Patient kann sich unter ständiger Überwachung erleben, aus der es kein Entrinnen gibt. Der Patient kommt in strahlender Laune nach Hause – und schon sagt man ihm, daß er wahrscheinlich am Rande der Manie sei; oder er ist müde und entmutigt, nur um gleich hören zu müssen, daß er wohl wieder auf dem Weg in die Depression sei. Es ist in der Tat schwierig, hier zunächst nur zu beobachten, um nicht zu schnell – womöglich falsche – Schlüsse zu ziehen. Deshalb ist es so schwierig, rechtzeitig und angemessen einzugreifen.

Wir alle suchen Hilfe und Entlastung bei anhaltenden Schmerzen oder übermächtiger Angst. Aber bei Stimmungsänderungen denkt man nicht so schnell an ärztliche Hilfe. Hier spielen die Angehörigen eine wichtige Rolle. Wir haben manchen (manisch-) depressiven Patienten kennengelernt, der trotz einiger Depressionen und Manien während mehrerer Jahre von seinen Angehörigen nie zu einem Arztbesuch gedrängt wurde, oder auch umgekehrt, der seinen Ehepartner nie gebeten hat, selbst einmal mit dem Hausarzt oder dem Psychiater zu sprechen. Und wir haben auch Vorwürfe von Familienangehörigen zu hören bekommen, daß wir als Ärzte uns nicht an sie gewandt hatten; manchmal aber mußten wir auch einer Ehefrau oder einem Ehemann eröffnen, daß der Patient unsere Empfehlungen in dieser Richtung einfach zurückgewiesen hatte und daß er einen Kontakt zwischen uns und der Familie auf keinen Fall billigen würde. Glücklicherweise ändern sich Einstellungen auch, und die meisten Patienten sind sehr damit einverstanden, daß der Ehepartner angemessen informiert wird.

Was müssen Angehörige noch wissen im Umgang mit depressiven Patienten?

Dazu gibt es viel zu erklären. Vor allem, daß eine Depression nicht haltlose Schwäche oder selbstverschuldetes Versagen bedeutet. Deshalb hilft es auch nichts, den Patienten zu irgendwelchen Aktivitäten zu ermuntern, mit ihm womöglich zu verreisen oder ihn aufzufordern, »sich zusammenzureißen«. Vielmehr würde das die Schuld- und Minderwertigkeitsgefühle des Kranken eher noch verschlimmern und gleichzeitig die Angehörigen enttäuschen. Wenn sie nicht verstehen, daß der Kranke nicht anders kann, könnten sich auch bei ihnen Niedergeschlagenheit und Resignation oder Gereiztheit oder Gleichgültigkeit breitmachen. Gelingt es einem selbst nicht, solche Gefühle gegenüber dem Kranken unter Kontrolle zu halten, dann kann sich eine Einweisung ins Krankenhaus als die bessere Lösung erweisen. Die Familie gerät sonst in einen Teufelskreis, der den Kranken nur noch tiefer in seine Depression treibt oder ihn darin festhält. Man muß sich als Angehöriger mit der Tatsache abfinden, daß der Patient, solange er depressiv ist, nicht mehr das frühere Interesse am Leben der Familie zeigt und Kontakte mit anderen Menschen nicht mehr pflegen kann. Geduld und Verständnis bedeuten dann die beste Hilfe für den Kranken. Man sollte ihn in der ärztlichen Auffassung bestärken, daß es sich bei seinem jetzigen Zustand um eine Krankheit handelt, an der er keine Schuld hat, die gut zu behandeln ist und die wieder vollkommen verschwinden wird.

Wenn ein Mensch tief deprimiert ist, erscheint ihm die Hoffnung auf Besserung fast aussichtslos. Die tröstenden und aufmunternden Worte der Angehörigen und des Arztes werden anscheinend abgewiesen (»ja, es ist lieb von euch zu sagen, es wird schon wieder gut werden, aber ich weiß, es hilft alles nichts«). Aber viele berichten nach der Gesundung von der Depression, daß es für sie trotz allem aufmunternd und stützend war, von jemandem zu hören, immer und immer wieder, nicht alles sei hoffnungslos, und daß andere die Hoffnung nicht aufgegeben hatten, den Depressiven in ein normales Leben zurückkehren zu sehen.

Der Depressive braucht die Hilfe der Angehörigen auch dabei, Kontakt mit dem Hausarzt oder dem Psychiater aufzunehmen. Hier müssen sich die Angehörigen durchsetzen, auch wenn der Depressive behauptet, daß nichts getan werden kann oder sollte. Es wird manchmal erforderlich sein, zur Sprechstunde mitzugehen und dabei zu sein, um die Situation aus der Sicht der Angehörigen zu schildern.

Der Arzt sollte aufgesucht werden, wenn eine ausgeprägte depressive Verstimmung länger als 14 Tage andauert – und eventuell früher, wenn man aus eigener Erfahrung weiß, was sich abzeichnet. In dieser Situation haben Angehörige die folgenden zwei Aufgaben:

- Dem Depressiven bei der Suche nach Hilfe zu helfen – und im Zusammenhang damit –
- ihre feste Überzeugung auszudrücken, daß sich alles zum besten wenden wird, daß man daran glauben muß und daß eine Zukunft besteht.

Was müssen Angehörige noch wissen im Umgang mit manischen Patienten?

Die Rolle und die Aufgabe der Angehörigen bei der Manie ist noch schwieriger als bei der Depression. Der Arzt sollte aufgesucht werden, wenn dieser Zustand länger als einige Tage andauert, obwohl der Betroffene es meist nicht wünscht. Geduld und fester Entschluß helfen auf die Dauer dem Betroffenen am meisten.

Während es schon schwer genug ist, den Depressiven zum Aufsuchen eines Arztes zu bewegen, so ist dies noch viel schwieriger bei einem Maniker. Die Angehörigen werden mit dem Argument abgewiesen, daß einem nichts fehle, und daß sie sich nicht in seine persönlichen Angelegenheiten einmischen sollten. Trotzdem darf der Angehörige nicht aufgeben. Das mag im Augenblick schwierig und unangenehm sein, dient aber auf die Dauer allen Beteiligten. Wenn die Angehörigen beschlossen haben, daß etwas getan werden muß und der Arzt aufgesucht wird, so sollte dies offen geschehen. Wenn man es hinter dem Rücken des Betroffenen tut, so gibt man ihm in gewisser Weise recht in der Auffassung, daß sich alle gegen ihn verschworen haben.

Wenn der krankheitsuneinsichtige Maniker jeden Kontakt zum Arzt ablehnt, aber Gefahr droht, z.B. durch unvertretbare Geldausgaben oder verkehrsgefährdendes Verhalten, dann muß der Angehörige sich an den Hausarzt oder einen Psychiater wenden, gelegentlich sogar von sich aus den Amtsarzt rufen.

Was können Angehörige noch tun?

Wir halten es für besonders nützlich, ein Gespräch zu dritt zwischen dem Patienten, seinem Ehepartner und dem Arzt dann zu führen, wenn sich der Patient von der Krankheitsepisode erholt hat. Das ist der geeignete Zeitpunkt, über mögliche Risiken des zukünftigen Verlaufes zu sprechen und die Weiterbehandlung und gegebenenfalls eine Langzeitbehandlung und ihre Kontrolle (s. S. x 62 f) zu planen.

Und alle sollten darüber Bescheid wissen. Es ist auch der beste Zeitpunkt, um ein Einverständnis zwischen allen Beteiligten darüber herzustellen, daß es sowohl das Recht als auch die Pflicht der Angehörigen sein sollte, den Arzt beizuziehen, wenn eine neue Episode im Entstehen ist, auch wenn der Patient in solch einer Situation dann zögert oder meint, daß doch nichts getan werden könnte – oder sollte.

Das kann oft zu einer schwierigen Entscheidung für die Angehörigen werden. Eine ebenso zugewandt-freundliche wie bestimmt-beständige Haltung wird auf die Dauer für alle am besten sein, auch wenn etwa ein manischer Patient damit droht, einen solchen Eingriff nie zu vergeben. Der Hausarzt kann hier eine Schlüsselrolle spielen; es ist deshalb wichtig, daß er gut informiert wird.

Informations- und Selbsthilfegruppen für Angehörige

Da es den Angehörigen oft sehr schwer fällt, in der Depression mit dem Betroffenen über ihre Sorgen und Schuldgefühle zu sprechen, kann es helfen, sich mit Angehörigen anderer Patienten auszusprechen. Der Besuch einer solchen Gruppe sollte allerdings seinem Angehörigen nicht verschwiegen werden, da sonst Mißtrauen und Ängste geschürt werden können. Heutzutage bieten viele Organisationen Selbsthilfe, Austausch und Ratschläge für Angehörige an. Informations- und Angehörigen-Selbsthilfegruppen werden angeregt und fachlich begleitet zum Beispiel von Mitarbeitern psychiatrischer Kliniken, sozialpsychiatrischer Dienste, Kontaktstellen und Kirchengemeinden. In *Informationsgruppen*, die von einem professionellen Mitarbeiter einer der genannten Institutionen geleitet werden, wird vorrangig Sachwissen über die Erkrankung, deren Verlauf und Behandlung vermittelt. In den sogenannten *Selbsthilfegruppen* für Angehörige sind die Angehörigen in der Regel unter sich. Die Teilnahme an solchen Selbsthilfegruppen hat sich sehr bewährt, weil die Betroffenen durch den gemeinsamen Erfahrungsaustausch erkennen, daß überall ähnliche Probleme und Schwierigkeiten auftauchen. Solche Gruppen erweitern den Blickwinkel über das eigene Schicksal und den eigenen familiären Rahmen hinaus und entlasten dadurch.

Auf S.139 finden sich Adressen von Selbsthilfegruppen und Angehörigenverbänden psychisch Kranker in Deutschland, an die man sich wenden kann, um die Kontaktadressen in den einzelnen Bundesländern und Städten zu erfragen.

Gesellschaft und Kranker

Während einer Manie oder einer Depression sieht man die Dinge durch eine andere Brille, und zur gleichen Zeit betrachtet einen auch die Umgebung mit anderen Augen: Manchmal wird man milder beurteilt, ein anderes Mal härter als gewöhnlich. Oft ist das – für einen selbst ebenso wie manchmal auch für die Angehörigen – quälend und kaum zu verstehen, so daß einen Wut oder Verzweiflung erfüllen kann.

Somit beeinflußt das Verhalten während der Krankheit oder auch das Wissen darum, daß man krank war und die Furcht davor, daß die Krankheit vielleicht wiederkommen könnte, die Beziehungen zwischen dem Kranken und seinen Mitmenschen mehr oder weniger tiefgreifend und manchmal folgenschwer. Das dürfte um so eher der Fall sein, je häufiger man krank war. *Deshalb sind viele der folgenden Bemerkungen nur für jene Menschen von Bedeutung, die bereits mehrere Depressionen oder Manien durchgemacht haben.*

Heirat und Scheidung

Muß man sich die Frage einer Eheschließung besonders sorgfältig überlegen, wenn man (manisch-)depressive Stimmungsschwankungen gehabt hat? Nun, eigentlich sollte sich jeder vor einer Heirat genau prüfen, und eine frühere Depression oder Manie sollte in dieser Beziehung keine Ausnahme bilden. Niemand von uns besitzt eine Garantie für stabile Gesundheit und immerwährende Ausgeglichenheit.

Wenn man heiraten will, sollte man selbstverständlich mit seinem Partner darüber reden, daß man derartige Stimmungsänderungen gehabt hat. Tritt dann wieder eine Depression oder Manie auf, so weiß der Partner über diese Möglichkeit Bescheid und glaubt nicht irrtümlich, daß sich irgend etwas zwischen den Partnern zuspitzt. Der Partner kann dann auch viel besser verstehen und helfen. Vor allem aber ist es natürlich ein Ausdruck des Vertrauens, den Partner ins Bild zu setzen. Man vermeidet damit auch einen Grund für spätere Vorwürfe, die bis zu dem Versuch gehen können, die Ehe annullieren zu lassen, da sie ja unter falschen Voraussetzungen zustande gekommen sei.

So wie für eine Heirat Offenheit und Vertrauen wichtig sind, so sollte man Trennung oder Scheidung nicht überstürzt erwägen oder gar durchführen wollen. Während einer depressiven Phase neigt man vielleicht zu der Ansicht, daß der Partner zu gut für einen sei, und schlägt deshalb möglicherweise eine Scheidung vor. Während einer manischen Phase kann man zu der Überzeugung gelangen, daß der Partner nicht mehr auszuhalten ist.

In beiden Fällen muß angeraten werden, die Dinge ruhen zu lassen, bis der Betroffene wieder eine ausgeglichene Stimmung hat. In der Regel wird dann wieder alles ganz anders aussehen. Wenn einer der Partner eine Scheidung verlangt, dann sollte jeder sofort seinen Anwalt bestellen. Selbst wenn sich ein Ehepaar bislang ganz ausgezeichnet mit demselben Anwalt (oder auch gar keinem Anwalt) begnügen konnte, so ist bei einer Trennung oder Scheidung für jeden ein Anwalt erforderlich. Das gilt mit Rücksicht auf die wirtschaftlichen Verhältnisse wie auch für die Kinder.

Kinder

Sind besondere Überlegungen angezeigt, wenn man Kinder haben will und bereits (manisch-)depressive Stimmungsschwankungen erlitten hat oder wenn in der Familie Manien oder Depressionen (oder auch Selbstmorde) vorgekommen sind (s. S. 32 f)? Wenn man schon in sehr jungen Jahren mehrere Depressionen oder Manien hatte oder diese in der Familie gehäuft auftreten, sollte man das ganze Thema mit seinem Hausarzt oder seinem Psychiater besprechen, da die Dinge weitgehend die gleichen Merkmale haben wie andere erbbelastete Krankheiten, z.B. die Zuckerkrankheit.

Wir meinen, daß man einem (manisch-)depressiven Menschen keineswegs von vornherein abraten soll, Kinder zu bekommen, zumal die Erkrankung ja recht erfolgreich behandelt werden kann. Der Patient sollte aber die Wahrscheinlichkeit kennen, mit der sein Kind an einer Manie oder Depression erkranken könnte. Das Risiko ist mit ca. 10 bis 15 % eher niedrig, aber doch immerhin etwa 10 bis 15mal größer als mit 1 % in Familien, in denen bisher keine Manien oder Depressionen aufgetreten sind (s. S. 32 f). Dieses Risiko nimmt noch zu, wenn in der eigenen Familie oder auch der des Partners mehrere derartige Fälle vorkommen. Sind schließlich beide Partner erkrankt, dann dürfte das Erkrankungsrisiko noch höher liegen.

Weiterhin gibt es einige Fälle, die zu ausgedehnteren Überlegungen führen sollten. Wenn man als Frau bereits eine manische oder depressive Phase, womöglich im Wochenbett, hatte, dann könnte im nächsten Wochenbett wieder eine Krankheitsphase auftreten. Wenn man schon häufig erkrankt war, als das erste oder die ersten Kinder noch klein waren, dann sollte man sich sehr ernsthaft überlegen, ob man einem weiteren Kinderwunsch nachgeben sollte; das gilt mehr noch für Frauen, die wegen einer Häufung von Erkrankungen ihrer Mutterrolle oft nicht gerecht werden können, worunter sie selbst dann ebenso wie ihre Kinder leiden.

Besonders bipolare Verläufe – mit sowohl Depressionen als auch Manien – beginnen meist so früh, daß die hier angesprochenen Probleme aktuell werden können. Bei denjenigen aber, die nur an depressiven Phasen erkranken – bei unipolarem Verlauf also –, tritt die erste Depression erst sehr viel später auf, oft erst, nachdem sie ihre Kinder bekommen haben.

Wenn man sehr lange krank ist, vielleicht im Krankenhaus liegt, allein ist oder auch, wenn der Ehepartner gleichzeitig krank ist, dann wird man überlegen müssen, ob die Kinder noch gut versorgt sind und wer vielleicht die Kinder zu sich nehmen soll.

Man sollte das gemeinsam mit dem Hausarzt besprechen. Das Jugendamt kann für die Versorgung von Kindern immer eingeschaltet werden. Die Eheleute selbst können dort Rat und Hilfe erbitten. Man wird prüfen, ob man die Kinder zu Hause lassen kann, indem man dort eine Unterstützung (Haushilfe, Mittagstisch) organisiert, oder ob man sie außerhalb, in einem Heim oder einer Pflegefamilie, unterbringen muß. Man soll versuchen, das dann nicht nur als ganz großes Unglück anzusehen, sondern es eher als vorübergehend notwendige Hilfe und Entlastung für einen selbst und für die Kinder zu erleben.

Noch viel schwerwiegender sind diese Probleme bei einer Scheidung. Wer soll die Kinder haben? Wo ist es für sie am besten? Selbst nach mehreren schweren Manien oder Depressionen der Mutter wird die Hauptregel sein, daß Kleinkinder (0 bis 4 Jahre) bei der Mutter bleiben, sofern sie zur Versorgung der Kinder in der Lage ist; bei etwas größeren Kindern (5 bis 10 Jahre) wird man sich vielleicht überlegen, ob die Mädchen bei der Mutter und die Jungen beim Vater bleiben sollen. Größere Kinder (11 bis 17 Jahre) werden in hohem Maße selbst mitbestimmen. Bei der Ehescheidung muß der Familienrichter entscheiden, welchem Elternteil die elterliche Sorge für ein minderjähriges Kind zustehen soll. Dieser Elternteil trägt dann allein die Verantwortung für das Kind; er erhält das Recht und übernimmt die Pflicht, für die Person und das Vermögen des Kindes zu sorgen. Entscheidend ist dabei allein das Wohl des Kindes. Die Eheleute können bei der Einreichung des Scheidungsantrags einen entsprechenden Vorschlag unterbreiten. Der Familienrichter holt immer einen Bericht der Jugendbehörde ein. Der bei dieser Behörde tätige Sozialarbeiter wird mit den Eheleuten sprechen und ein über 14 Jahre altes Kind persönlich anhören. Die Entscheidung über die elterliche Sorge kann später auch wieder geändert werden, wenn dies im Interesse des Kindes geboten erscheint. In jedem Fall steht auch dem nicht sorgeberechtigten Elternteil das Recht zum persönlichen Umgang mit dem Kind zu.

Schwangerschaftsverhütung und Schwangerschaft

»Antibabypillen« sind ein besonderes Problem bei Frauen mit Neigung zur Depression. Wie bereits erwähnt, können Hormone manchmal eine Depression auslösen; aber es ist völlig unvorhersehbar, wann und bei wem. Wenn eine Frau während der Einnahme der »Antibabypille«, bei der es sich ja um Hormone handelt, eine Depression bekommt, sollte sie damit aufhören. Statt dessen sollte sie in Zukunft eine andere Art der Schwangerschaftsverhütung anwenden, z.B. Pessar oder Spirale. Es ist möglich, daß die neueren Arten der »Antibabypillen« mit einem niedrigeren Östrogengehalt einen geringeren Einfluß auf die Auslösung einer Depression haben; aber in der Regel ist es doch besser für Frauen mit (manisch-)depressiven Stimmungsschwankungen, mechanische Methoden zur Schwangerschaftsverhütung zu gebrauchen, wie eben z.B. Spirale oder Pessar. Die jeweils günstigste Methode sollte mit dem Frauenarzt besprochen werden.

Steht man unter Langzeitbehandlung mit Lithium oder Antikonvulsiva oder Antidepressiva, sollte man ganz besonders sorgfältig mit seinen Verhütungsmethoden sein, damit man nicht plötzlich von einer unerwarteten Schwangerschaft überrascht wird. Denn vermutlich gibt es ein etwas erhöhtes Risiko von Mißbildungen beim Kind unter dieser medikamentösen Langzeitbehandlung.

Wenn man aber schwanger werden möchte, dann sollte man mit dem behandelnden Arzt besprechen, ob man eine mindestens drei- bis viermonatige Pause der Langzeitbehandlung riskieren kann. Die Entscheidung hängt sehr von individuellen Besonderheiten ab.

Wenn die Kinder, die man sich gewünscht hat, bereits da sind, sollten sich beide Partner überlegen, ob nicht eine Sterilisation einer der Partner die beste Lösung ist.

Anstellung und Arbeit

Bei der Einstellung, zumindest aber vor Abschluß eines langfristigen Beschäftigungsverhältnisses, wird fast immer die gesundheitliche Situation geprüft. Im öffentlichen Dienst und bei allen größeren Betrieben geschieht das durch den Betriebs- oder Personalarzt. Nur bei kleineren Betrieben begnügt man sich mit der Beantwortung eines Fragebogens. Dabei wird praktisch immer nach bisherigen Erkrankungen und nach Krankenhausaufenthalten gefragt. Beamte und Angestellte im öffentlichen Dienst müssen sich strengeren gesundheitlichen Untersuchungen unterziehen. Dafür ist man dann aber auch, wenn man erst einmal nach Abschluß der Probezeit eine Verbeamtung auf Lebenszeit oder ein festes Angestelltenverhältnis erreicht hat, gegen eine Kündigung wegen Krankheit weitgehend gesichert. Dies gilt aber nur, wenn man bereits durchgemachte deutliche Depressionen oder Manien bei der Einstellung angegeben hat. Wird das absichtlich verschwiegen, so ist das ein Grund zur (fristlosen) Kündigung. Die Gefahr, dadurch außerdem Versicherungsansprüche zu verlieren, ist nur bei privaten Versicherungen gegeben. Die Pensionen der Beamten und die Rentenansprüche der Angestellten und Arbeiter sind durch Gesetz geregelt und können weder herabgesetzt noch abgelehnt werden. Für die Ansprüche sind allein Dauer und Art der verrichteten Arbeit maßgebend.

In dieser Situation ist es schwer, einen guten Rat zu geben. Wenn man die Karten offen auf den Tisch legt, riskiert man, daß man die Stellung nicht erhält. Tut man das aber nicht, kann es später große Nachteile zur Folge haben, wenn herauskommt, daß man nicht die ganze Wahrheit gesagt hat. (Das gilt übrigens genauso auch für Lebensversicherungen.) Man kann dabei nicht nur – wie bereits erwähnt – Gefahr laufen, den Arbeitsplatz zu verlieren, weil der Arbeitsvertrag auf einer falschen Grundlage abgeschlossen wurde, sondern es ist für viele Menschen auch eine große Belastung, ständig mit der Furcht zu leben, »entdeckt« zu werden. Man sollte deshalb mit seinem Arzt sprechen und danach seinen Kurs festlegen.

Arbeitgeber halten sich im allgemeinen zurück, jemanden einzustellen, der oft und/oder lange krank gewesen ist, ganz besonders, wenn es sich um eine psychische Erkrankung handelt. Der
Arbeitgeber, der öffentliche ebenso wie der private, will kein Risiko eingehen. Und wir möchten nicht verschweigen, daß es einige wenige Berufe gibt, in denen Menschen mit einer Neigung
zu häufigen Depressionen oder Manien besser nicht angestellt
oder nur unter bestimmten Voraussetzungen die Erlaubnis haben sollten, weiter diesen Beruf auszuüben, z.B. Piloten oder
Zugführer. Gerade eine beginnende und nicht gleich erkannte
Depression oder Manie kann in diesen Berufen zu Fehlern mit
Gefahr für viele Menschenleben führen. Das sowie die Gefahr
großer finanzieller Verluste gilt auch für manche leitende Stellung in Politik, Verwaltung und Wirtschaft (was nicht gegen die
Erfahrung spricht, daß gerade [manisch-]depressive Menschen in
diesen Berufen große Leistungen vollbracht haben).

In der überwiegenden Mehrzahl der Fälle jedoch ist die Beurteilung von Menschen, die eine psychische Erkrankung gehabt haben, nur durch den überaus verbreiteten Wunsch beeinträchtigt,
das Andersartige, das Unbekannte und damit das Angstmachen-
de möglichst weit von sich zu schieben. Wer von den Normen
abweicht, ist immer auch von der Gnade der »normalen« Mehr-
heit abhängig.

Wenn der Arbeitgeber jedoch guten Willens ist und zudem eine
Chance besteht, die Gesundheit und Arbeitsfähigkeit in absehba-
rer Zeit wiederherzustellen oder zu stabilisieren, dann gelingt es
nicht selten, eine annehmbare Lösung zu finden. Wir haben gelegentlich Arbeitgeber für die Einstellung eines (manisch-)de-
pressiven Patienten gewinnen können, indem der Patient sich
zu einer rückfallvorbeugenden Langzeitbehandlung (s. S. 62 f)
entschloß und zusicherte, daß er diese Behandlung zuverlässig
durchführen und durch uns kontrollieren lassen werde. Auch
gibt es die Möglichkeit, wirtschaftliche Befürchtungen des Ar-
beitgebers durch sogenannte »beschützende Arbeitsverhältnis-
se« zu mindern. Es handelt sich dabei um Maßnahmen des Arbeitsamtes, weshalb man sich dorthin wenden sollte. Wie auch

andere Rehabilitationsmaßnahmen können sie je nach Besonderheit des Einzelfalles auch von den Rentenversicherungsträgern oder über das Bundessozialhilfegesetz (BSHG) finanziert werden. Schließlich kann man versuchen, in der Rekonvaleszenz nach abgeklungener Krankheitsphase eine Teilzeitbeschäftigung im Rahmen der *stufenweisen Wiedereingliederung ins Berufsleben* (§ 74, Sozialgesetzbuch V, Gesundheitsreformgesetz, früher *»Hamburger Modell«* genannt) zu erhalten, wobei dann in der Regel für die Beschäftigungszeit vom Arbeitgeber Lohn und für die Schonzeit von der Krankenkasse Krankengeld gezahlt wird, bis eine Vollbeschäftigung möglich ist.

Nach dem Gesetz zur »Sicherung der Eingliederung der Schwerbehinderten in Arbeit, Beruf und Gesellschaft« (Schwerbehindertengesetz) können auch psychisch Kranke als Schwerbehinderte anerkannt werden. Der Antrag auf Feststellung der Behinderung muß beim Versorgungsamt gestellt werden. Man hat damit Erleichterungen bei der Arbeitsplatzbeschaffung, weil Betriebe und auch der öffentliche Dienst verpflichtet sind, einen bestimmten Prozentsatz Schwerbehinderter einzustellen. Man erhält damit auch einen erhöhten Kündigungsschutz, mehr Urlaub, darf keine Überstunden leisten und steht unter der sozialen Betreuung des Versorgungsamtes. Auch kann man Steuervergünstigungen erhalten, bei Erfüllung bestimmter Voraussetzungen als freiwilliges Mitglied in eine gesetzliche Krankenkasse oder eine Ersatzkasse aufgenommen werden sowie Rente oder Pension früher in Anspruch nehmen. Für (manisch-)depressive Kranke wird dieser Schutz aber nur selten in Betracht kommen, da die Erkrankung ja in der Regel nicht zu einer Dauerbehinderung führt.

Umschulung und Pensionierung bzw. Berentung

Vielleicht hat man seine Stellung verloren, weil die (manisch-)depressiven Stimmungsschwankungen häufig auftraten und lange anhielten. War man deswegen innerhalb von drei Jahren länger als 78 Wochen krank, dann zahlen die Krankenkassen auch kein Krankengeld mehr (übernehmen aber weiterhin die Kosten für ambulante und stationäre Behandlung). Es stellen sich dann Fragen nach Umschulung oder Pensionierung. Dafür ist die Krankenkasse nicht mehr zuständig.

Eine Umschulung ist Aufgabe des Arbeitsamtes. Die Kostenträger dafür sind die Bundesanstalt für Arbeit oder die Rentenversicherungen BfA (Bundesversicherungsanstalt für Angestellte) und LVA (Landesversicherungsanstalten), die Berufsgenossenschaften oder auch die öffentliche Hand nach den Vorschriften des Bundessozialhilfegesetzes (BSHG). BfA und LVA sind auch die Kostenträger für die Renten der Angestellten und Arbeiter, während für die Pensionierung von Beamten die jeweilige Behörde zuständig ist. Am besten läßt man sich bei diesen Fragen von einem Sozialarbeiter im Krankenhaus, bei der Gesundheits- oder der Sozialbehörde, aber auch im Arbeitsamt und bei den Beratungsstellen der freien Wohlfahrtsverbände beraten.

Beamte können wegen Erkrankung *vorübergehend* in den Ruhestand versetzt oder *vorzeitig* pensioniert werden, Arbeiter und Angestellte eine Rente auf Zeit erhalten oder ebenfalls vorzeitig berentet werden. Dabei gibt es zwei Rentenarten:

● **Berufsunfähigkeitsrente,** wenn man im erlernten Beruf zur Zeit nicht arbeiten kann, wohl aber in einem anderen Beruf, der allerdings nur ein geringeres Einkommen erbringt;

● **Erwerbsunfähigkeitsrente,** wenn überhaupt keine »verwertbare Arbeitsleistung« mehr erbracht werden kann.

Diese Maßnahmen werden aber bei (manisch-)depressiven Patienten nur selten in Betracht gezogen, und zwar eigentlich nur dann, wenn häufige Rückfälle oder unvollständige bzw. ausbleibende Genesung nach einer Krankheitsphase die Arbeitsfähigkeit anhaltend und ohne Aussicht auf Besserung beeinträchtigen und wenn es nicht gelingt, eine wirksame Langzeitbehandlung einzurichten. Und das ist – wie gesagt – sehr selten der Fall. Auch dann sollte man eine Berentung/Pensionierung aber nicht als unwiderruflichen und letzten Schritt ins untätige Abseits ansehen.

Wir haben Menschen kennengelernt, die auf Rente/Pension gesetzt wurden, weil damals alles so hoffnungslos aussah, und denen es heute, z.B. durch eine Dauerbehandlung, wieder so gut
geht und die so stabil sind, daß sie wieder voll arbeiten können.

Nicht zuletzt in solchen Erfahrungen ist es begründet, wenn alle
Renten, die aus Krankheitsgründen gezahlt werden, nur befri-
stet gewährt und bei unbefristeter Gewährung üblicherweise alle zwei Jahre überprüft werden. Erlangt man die Leistungsfähigkeit wieder, dann wird die Rentenzahlung eingestellt.

Führerschein und Verkehr

Die Erfahrung lehrt, daß Patienten mit manisch-depressiven
Stimmungsänderungen im allgemeinen kein besonderes Risiko
im Verkehr darstellen, weder für sich noch für andere.

Bei der Beantragung eines Führerscheins gibt es keine Schwierigkeiten, wenn man die Führerscheinprüfung besteht. Bis auf
den Nachweis ausreichender Sehfähigkeit werden keine speziel-
len Gesundheitsuntersuchungen durchgeführt, es sei denn, man
hat entsprechende Fragen nach Vorerkrankungen im Führer-
scheinantrag positiv beantwortet. Probleme können auch dann
auftreten, wenn man, womöglich mehrfach, wegen Verkehrs-
übertretungen aufgefallen ist, wenn einem der Führerschein abgenommen wurde und man ihn wiederhaben will oder auch,
wenn man zwangsweise in ein psychiatrisches Krankenhaus eingewiesen werden mußte (s. S. 113 f). Dann nämlich kann die zu-
ständige Verwaltungsbehörde die Vorlage eines ärztlichen At-
tests oder Gutachtens als eine Voraussetzung dafür verlangen,
daß man den Führerschein zurückbekommt oder behalten darf.

Einen Psychiater sollte man aber auch von sich aus um Rat fra-
gen, wenn man bereits manische oder depressive Phasen gehabt
hat. Man sollte den Psychiater aufsuchen, den man von früheren
Behandlungen her kennt und zu dem man Vertrauen hat.
Manchmal fordert die Polizeibehörde ein Gutachten auch vom
Technischen Überwachungsverein (TÜV) an. In dem ärztlichen

Gutachten können psychiatrische Krankheiten natürlich nicht verschwiegen werden. Aber wenn die Polizeibehörde auf der Grundlage des Gutachtens prüft, ob der Führerschein (wieder) erteilt werden kann, dann wird sie besonders aufmerksam Feststellungen beachten, aus denen hervorgeht, ob sich der Zustand in jüngster Zeit stabilisiert hat oder ob der Betroffene zuverlässig ist und regelmäßig vorbeugende Arzneimittel, z.B. Lithium, nimmt.

Zu Beginn einer Behandlung mit Psychopharmaka und auch während der Behandlung in einer psychiatrischen Klinik sollte man das Autofahren unterlassen. Sobald aber die Krankheit durch die Behandlung gut unter Kontrolle gebracht ist und sich der Organismus an die Medikation gewöhnt hat, wenn z.B. eine stabile Dosierung erreicht und das anfängliche Schwindelgefühl wieder verschwunden ist, dann kann man wieder anfangen. Man muß aber wissen, daß sich unter der medikamentösen Behandlung die Wirkung zusätzlich genommener Stoffe, z.B. Schlafmittel oder Alkohol (bereits in ganz geringen Mengen!), verstärken kann, so daß die Fahrtüchtigkeit dann doch durch verlangsamtes Reaktionsvermögen, Müdigkeit oder auch unscharfes Sehen vermindert sein kann. Auf jeden Fall sollte man das Thema mit dem behandelnden Arzt besprechen. Gegenseitiges Vertrauen ist Grundlage für eine entspannte Haltung in diesen Fragen.

Kauf und Verkauf

Während einer manischen Phase neigt man dazu, Dinge zu kaufen, die man sonst nicht kaufen würde; entweder weil sie zu teuer sind oder weil man keinen Bedarf für sie hat. Man wird mehr als gewöhnlich und vor allem auffallende und teure Kleidung kaufen. Es kann auch passieren, daß man leichten Herzens Kaufverträge über größere Anschaffungen unterschreibt: Autos, Wohnungseinrichtungen, Häuser. Selten kommt es auch einmal vor, daß ein depressiv Kranker Besitz unter Wert verkauft oder einfach weggibt.

Solche Abschlüsse sind rechtlich ungültig. Aber man kann nur dann versuchen, schon eingetretene Folgen rückgängig zu machen, wenn nachgewiesen werden kann, daß man zum Zeitpunkt des (Ver-)Kaufabschlusses geschäftsunfähig (§ 104 BGB) war oder »unter einer vorübergehenden Störung der Geistestätigkeit« (§ 105 BGB) litt. Sicherlich ist das einfacher, wenn ein solcher Kaufabschluß nach Ansicht des (Ver-)Käufers ganz und gar ungewöhnlich war. Andernfalls muß man womöglich das Gericht einschalten, das sich in der Regel auf das Gutachten eines Psychiaters stützt. Der kann eine brauchbare Erklärung aber natürlich nur dann abgeben, wenn er den Betroffenen um die in Frage stehenden Tage herum auch untersucht hat. Es nützt also nichts oder ist zumindest sehr schwierig, wenn man sich erst Wochen oder Monate später mit der Bitte um ein entsprechendes Attest an ihn wendet.

Für die Angehörigen, speziell für den Ehepartner, kann das zu schwierigen Situationen führen: mitverantwortlich zu sein für finanzielle oder wirtschaftliche Entscheidungen, für die der kranke Partner nicht geschäftsfähig war – und die dieser vielleicht über den Kopf des Partners hinweg und trotz seiner Warnungen und Versuche, ihn davon abzuhalten, eigenmächtig getroffen hat.

Juristischer Beistand ist dann evtl. erforderlich, obwohl dies die familiäre Krise kurzfristig verschlechtern kann. Sicher kann solch ein Vorgehen zum Zeitpunkt der Ereignisse sehr unangenehm sein, langfristig aber wird sich zeigen, daß es dem Vorteil aller diente.

Wenn man wegen einer psychischen Krankheit oder Behinderung seine Angelegenheiten ganz oder teilweise nicht besorgen kann (§ 1896 BGB, gültig ab 1. 1. 1992), dann kann man dafür auf seinen Antrag hin oder von Amts wegen einen Betreuer erhalten.

Betreuung nach dem Betreuungsgesetz

Ein Betreuer wird vom zuständigen Amtsgericht bestellt, und zwar nur für die Aufgabenkreise, in denen die Betreuung erforderlich ist, wie Regelung der wirtschaftlichen Angelegenheiten oder Zustimmung zur Heilbehandlung oder Bestimmung des Aufenthaltes des Kranken. Pflicht des Betreuers ist es in jedem Fall, die Angelegenheiten des Betreuten zu dessen Wohl zu besorgen, wobei er die Wünsche des Betreuten in zumutbarem Umfang zu berücksichtigen hat. Bei seinen Entscheidungen wird er sich jedoch weder von krankheitsbedingten Forderungen des Patienten noch von manchen Wünschen von Familienangehörigen beeinflussen lassen, wenn diese dem Wohl des Betreuten entgegenstehen.

Die Betreuung soll mit dem Einverständnis des Betroffenen eingerichtet und möglichst *nicht* von engsten Familienangehörigen übernommen werden. Manchmal muß der Betreuer Entscheidungen treffen, deren Notwendigkeit der Kranke nicht immer gleich einsieht. Dadurch kann eine oft schon gespannte familiäre Atmosphäre weiter verschlechtert werden, wenn der Betreuer zur engsten Familie gehört. Die Betreuung wird vom Gericht eingerichtet, das sich auf ein ärztliches Attest stützt. Auf Antrag des Betroffenen wird die Betreuung vom Vormundschaftsgericht überprüft. Die Einrichtung einer Betreuung hat gewöhnlich keine Auswirkungen auf die Geschäftsfähigkeit eines Betreuten.

Aufklärung des Patienten und Einwilligung in die Behandlung

Selbstverständlich hat man als Patient das Recht, über seine Krankheit aufgeklärt zu werden, und der Arzt muß einen über die Behandlung informieren. Man will doch wissen, *woher* die Krankheit kommt, welche Ursachen und Gründe es dafür gibt. Noch wichtiger ist es aber sicherlich, zunächst für einen selbst, nicht selten aber auch vielleicht für die Familie, zu erfahren, *wo-*

hin das Ganze führen wird, ob die Erkrankung wieder verschwinden wird, ob etwas davon zurückbleibt, ob sie wiederkommen wird und was man dagegen machen kann, mit welcher Behandlung der Arzt helfen kann und wie man selbst am Gesundwerden und Gesundbleiben mithelfen kann.

Dabei kommt es darauf an, daß man versteht, worum es geht. Fremdwörter und Fachausdrücke stören dabei viel eher, als daß sie das Verständnis fördern. Es wird dann deutlich werden, daß der Arzt über die Ursachen der Depression oder Manie bei einem selbst oft nur Vermutungen äußern kann, da unsere wissenschaftlich gesicherten Erkenntnisse dazu noch recht lückenhaft sind. Über die Zukunftschancen kann er meist schon viel mehr sagen, da über den weiteren Verlauf der (manisch-)depressiven Krankheit Kenntnisse vorliegen, die durch breite und lange Erfahrung begründet sind. Man sollte allerdings nicht erwarten, daß man ganz exakte Antworten erhält. Denn die Krankheit spielt sich ja immer in einem einzelnen Menschen ab; sie wird deshalb auch durch die individuelle Persönlichkeit des Patienten, seine Lebensgeschichte und seine Lebenssituation, die ihn von allen anderen Menschen mehr oder weniger unterscheiden, immer wieder einzigartig abgewandelt. Der Arzt kann deshalb den weiteren Verlauf nur mit mehr oder weniger großer, nicht aber mit absoluter Bestimmtheit voraussagen. Am sichersten kann der Arzt einen darüber informieren, welche Behandlung erforderlich ist, wie groß die Erfolgschance der Behandlung ist und welche Risiken mit der jeweiligen Behandlung verbunden sind. Praktisch ist aber keines dieser Verfahren von unerwünschten Nebenwirkungen und Risiken ganz frei – wie wir das auch in den vorangehenden Kapiteln ausführlich beschrieben haben.

Nun hat die Aufklärung darüber nach unserem ärztlichen Verständnis Grenzen. Mit einem weitgehend gesunden Patienten werden wir die Notwendigkeit und die Risiken einer rückfallvorbeugenden Langzeitbehandlung sehr ausführlich besprechen. Wir halten es aber für unärztlich, einen Kranken, der sich in seiner Depression mit nicht zutreffenden krankhaften Vorstellungen quält, etwa daß er an einer körperlichen Krankheit zugrunde geht, über alle möglichen körperlichen Nebenwirkungen einer erfolgversprechenden Behandlung aufzuklären. Wir müßten doch befürchten, seine Ängste und seine Hoffnungslosigkeit noch zu verstärken. Dadurch könnten auch seine Heilungschancen vermindert werden. Zudem kann man sich in seiner depressiven Gleichgültigkeit, Verzweiflung oder Entscheidungsunfähigkeit dazu vielleicht gar nicht äußern oder gar entscheiden. Wir meinen allerdings auch, daß in dem Maße, in dem der Arzt den Patienten nicht total aufklären kann, eben um ihm nicht zu schaden und den Heilungsprozeß nicht zu stören, seine Verantwortung noch zunimmt. Das schlägt sich dann beispielsweise in der Sorgfalt nieder, mit der er den Behandlungsverlauf kontrolliert.

Die Einwilligung des Patienten in die Behandlung ist nur dann gültig, wenn er verstanden hat, worum es geht, und wenn er auch entscheidungsfähig ist. Wir haben schon gehört, und mancher Kranke hat das an sich selbst erfahren müssen, daß diese Fähigkeiten manchmal, und dann auch nur vorübergehend, eingeschränkt oder verlorengegangen sein können. In solchen Fällen steht der Arzt dann vor einer schwierigen Entscheidung. Er muß für den einzelnen Kranken prüfen, ob er die Behandlung ohne ausdrückliches Einverständnis des Kranken beginnen kann und soll oder ob er eine Betreuung des Patienten für den Aufgabenbereich »Zustimmung zur Heilbehandlung« beim Amtsgericht beantragen muß. Er wird sich leichter entschließen können, diese zeitraubende und für den Kranken möglicherweise sozial nachteilige Maßnahme zu vermeiden, wenn er – auch aufgrund der Äußerungen von Angehörigen – annehmen kann, daß der Kranke mit der Behandlung vermutlich einverstanden ist, und daß er in wenigen Tagen seine Fähigkeit zum Verstehen und Entscheiden wiedergewinnen wird. Lehnt der Patient die Behandlung hingegen eindeutig ab, weil er sich beispielsweise in seiner Manie überhaupt nicht krank fühlt, und erscheint eine Behandlung dringend notwendig, dann wird der Arzt nicht darum herumkommen, eine Betreuung mit dem Aufgabenbereich »Zustimmung zur Heilbehandlung« zu beantragen (s. S. 108).

Schweigepflicht des Arztes und seiner Mitarbeiter

Der Arzt und seine Mitarbeiter sind gesetzlich verpflichtet, über alles, was sie während ihrer Arbeit mit dem einzelnen Patienten über diesen erfahren, Schweigen zu bewahren. Das ist eine wesentliche Grundlage des Vertrauens zwischen dem Patienten und denjenigen, die ihn behandeln. Der Patient muß sicher sein, daß seine Angaben und Äußerungen vertraulich bleiben. Aber auch hier gibt es Probleme. Die Entwicklung der modernen psychiatrischen Behandlung hat es mit sich gebracht, daß der Arzt oft nicht mehr allein behandelt, sondern daß – zumal im Krankenhaus – eine ganze Reihe von Mitarbeitern des Arztes (Schwestern, Pfleger, Psychologen, Sozialarbeiter, Beschäftigungstherapeuten, um nur einige zu nennen) therapeutisch tätig und wirksam werden. Es liegt auf der Hand, daß sie dafür auch über den Kranken informiert sein müssen. Natürlich unterliegen sie genauso der Schweigepflicht wie der Arzt. Wenn ein Patient solche weitergehende Information als störend oder unangenehm empfindet und deshalb vielleicht Wichtiges auch dem Arzt verschweigt, dann sollte er diese Schwierigkeiten mit seinem Arzt unter vier Augen besprechen. Es läßt sich dann immer eine Lösung finden, auch die, daß der Arzt ausdrücklich zusichert, manches ausschließlich bei sich zu behalten.

Manchmal wollen Patienten auch, daß der weiterbehandelnde oder der zusätzlich behandelnde Arzt nicht oder zumindest nicht vollständig informiert wird. Wenn dieser Wunsch vom Patienten ausdrücklich ausgesprochen wird, dann wird sich der überweisende Arzt auch daran halten. Er wird allerdings dem Patienten klarzumachen versuchen, daß der nachbehandelnde Arzt zumindest die Informationen braucht, die für die Behandlung wichtig sind. Abgesehen davon, daß der darin zum Ausdruck kommende Vertrauensmangel keine gute Grundlage für die Behandlung ist.

Schwieriger wird es schon, wenn Krankenkassen, Versicherungen, Behörden oder Gerichte Auskünfte über den Patienten zu erhalten suchen. Manche Institutionen, wie die Krankenkassen, haben dazu auch das Recht. Es ist ja verständlich, daß die Kasse anhand von Angaben zur Behandlungsbedürftigkeit (Diagnose, Therapie) prüfen will, ob sie zu Recht bezahlt. Und die Kasse erhält eben nur ganz wenige und grobe Informationen. Trotzdem wird damit deutlich, daß die Vertraulichkeit seiner Beziehung zum Patienten vom Arzt nach verschiedenen Seiten verteidigt werden muß, und daß er in jedem Einzelfall abwägen muß, wie er den Interessen seines Patienten am besten dienen kann.

In aller Regel wird er in solchen Fällen Auskünfte über seinen Patienten nur geben, wenn der Patient ihn von der Schweigepflicht entbunden hat. Wir verlangen eine schriftliche Schweigepflichtentbindung, die uns bzw. die Klinik namentlich nennt und auch den Adressaten enthält, an den die Auskünfte gegeben werden sollen. Mit einer allgemeinen Schweigepflichtentbindung geben wir uns um so weniger zufrieden, je eher wir Zweifel haben, ob der Patient die Auskunft tatsächlich will oder ob der Patient weiß, wovon er uns entbunden hat.

Es ist deshalb verständlich, daß der Arzt auch dann, wenn sein Patient ihn von der Schweigepflicht entbunden hat, die erbetene Auskunft keineswegs geben muß. Er ist dann nur berechtigt, aber nicht verpflichtet, Auskunft zu erteilen. Er wird also auch dann nicht automatisch handeln, sondern abwägen, was im besten Interesse seines Patienten liegt.

Diese Erwägungen sind auch noch in einem anderen Zusammenhang von Bedeutung. Gelegentlich wollen Kranke das Krankenblatt, das der Arzt über sie anlegt, in die Hand bekommen. Vielleicht manchmal aus Neugier, häufiger wohl aus Mißtrauen; in einigen Fällen mit dem Argument, dadurch die Krankheit besser verarbeiten und überwinden zu können. Neuerdings berufen sich einige Patienten auf die jüngste Rechtsprechung, die allerdings z.Z. sehr im Fluß ist.

Das Krankenblatt oder die Krankengeschichte, wie die Unterlagen oft auch genannt werden, umfaßt nicht nur alle vom Patienten erhobenen Untersuchungsbefunde, die Diagnose und Krankheitsbeurteilung sowie Angaben zur Behandlung, sondern auch

Angaben von Angehörigen, Arbeitskollegen oder auch von Mitpatienten, sogenannten »dritten Personen« im weitesten Sinne. Einige dieser Angaben wurden mit dem ausdrücklichen Hinweis gegeben, daß der Patient sie nicht erfahren dürfe. Sie unterliegen damit ebenfalls der Schweigepflicht. Weiterhin enthält das Krankenblatt in der Regel auch Angaben über dritte Personen, denn gerade psychische Krankheiten spielen sich ja nicht im luftleeren Raum ab, sondern entwickeln sich im Kontakt mit anderen Menschen und wirken sich auf diese auch aus. Somit sind hier oft auch die Rechte Dritter betroffen, die einer Einsicht des Patienten in sein Krankenblatt entgegenstehen.

Auch muß man wissen, daß das Krankenblatt primär eine Gedächtnisstütze und Arbeitsunterlage des Arztes ist. Er wird hier also auch Vermutungen und vorläufige Schlußfolgerungen notieren; und dies in seiner Fachsprache. Aus alledem könnte der Patient falsche Schlüsse ziehen, die den Heilungsprozeß beeinträchtigen könnten. Der Arzt wird es deshalb oft ablehnen müssen, den Patienten volle Einsicht in sein Krankenblatt nehmen zu lassen. Vielmehr wird er bemüht sein, dem Patienten alle seine berechtigten und verständlichen Fragen im Gespräch zu beantworten, so daß die Gesundung des Patienten unterstützt wird, aber auch die Rechte Dritter gewahrt bleiben.

Zwangsmaßnahmen

Zwangseinweisung

Nun kommen wir zu einem Abschnitt, der im Umgang mit psychisch Erkrankten zum Unangenehmsten gehört. Gerade weil psychische Erkrankungen wie Depression und Manie die Urteilskraft eines Menschen so weitgehend verändern können, ist es erforderlich, daß in bestimmten Situationen andere Menschen für den Kranken urteilen und entscheiden müssen, auch wenn er das Warum nicht einsieht. Droht jemand während einer Depression ernsthaft damit, sich das Leben zu nehmen, dann können und dürfen weder die Angehörigen noch der Hausarzt oder andere einfach zusehen; sie können nicht passiv bleiben, wenn solch ein Kranker sich nicht behandeln lassen will oder in eine Einweisung ins Krankenhaus nicht einwilligt. Das gleiche gilt auch, wenn jemand manisch erregt mit dem Auto verkehrsgefährdend durch die Stadt rast. Das ist natürlich eine sehr schwierige Situation. Der Kranke will sich nicht einweisen lassen, während die Angehörigen oder der Hausarzt meinen, daß eine Einweisung zur Behandlung im Krankenhaus unbedingt erforderlich ist. Sie werden sich dann an das Gesundheitsamt, in Fällen ganz unmittelbarer Gefahr auch direkt an die Polizei wenden müssen. Gerade diesen Versuch aber erlebt man als Kranker – vor allem natürlich, wenn man sich gar nicht krank fühlt – als Drohung, Verrat oder gar Verschwörung, zumindest als einen Vertrauensbruch, der das Verhältnis zu den Angehörigen schwerwiegend belasten kann. Meistens läßt sich über den scheinbaren Vertrauensbruch durch die Angehörigen erst nach einer erfolgreichen Behandlung sprechen, wenn Krankheitseinsicht und die damit verbundene Behandlungseinsicht bestehen. In einer solchen schwierigen Situation sollte der Arzt die Angehörigen entlasten, indem er versucht, den Patient von der Richtigkeit der durch die Angehörigen veranlaßten (Zwangs-)Maßnahmen zu überzeugen.

Wir haben nun Gesetze, die festlegen, wann und wie in solchen Situationen ein Kranker auch gegen seinen Willen – also zwangsweise – in ein psychiatrisches Krankenhaus eingewiesen und dort auf einer geschlossenen Station untergebracht werden kann. Damit soll auch ein Mißbrauch der Unterbringung ausgeschlossen werden. Die Gesetze sind deshalb recht umfangreich. Es sind landeseigene Gesetze, die sich zwischen den einzelnen Ländern der Bundesrepublik Deutschland zum Teil deutlich unterscheiden. Das liegt nicht zuletzt daran, daß sich die großen Fortschritte der psychiatrischen Behandlungsmöglichkeiten und die auch damit verbundene Änderung der Einstellung zum psychisch Kranken noch nicht in allen Bundesländern in einer Neufassung der entsprechenden Gesetze niedergeschlagen haben (s. Anhang S. 134 f).

Indessen stimmen alle Gesetze darin überein, daß man nur dann gegen seinen eigenen Willen (oder im Zustand der Bewußtlosigkeit) untergebracht werden darf, wenn man durch sein krankheitsbedingtes Verhalten

- sich selbst (z.B. durch Selbstmord, Nahrungsverweigerung usw.) oder
- andere (z.B. durch kritikloses Fehlverhalten) an Leben oder Gesundheit erheblich gefährdet und dadurch/oder
- eine erhebliche Gefahr für die öffentliche Sicherheit und Ordnung darstellt (z.B. in Selbstmordabsicht auf der Straße in ein fahrendes Auto hineinläuft)
- und wenn diese Gefahren nicht anders abgewendet werden können, beispielsweise durch eine wirksame Behandlung.

Wir wollen das bisher über Zwangsmaßnahmen Gesagte an einer Fallgeschichte verdeutlichen:

Fallbericht

Zwangsweise Unterbringung

Obwohl die 41jährige Patientin seit etwa 15 Jahren an einer manisch-depressiven Erkrankung litt, war sie als Musikerin und Komponistin sehr erfolgreich, auch in finanzieller Hinsicht. Nach zwei manischen und einer depressiven Episode zu Beginn der Erkrankung hatte sie sich schließlich für eine Langzeitbehandlung mit Lithium entschieden, die für viele Jahre zu einem vollständigen Verschwinden der Krankheitserscheinungen geführt hatte. Nach einer 9jährigen Behandlung mit Lithium erlitt sie jedoch erneut eine depressive Episode, die allerdings bei weitem nicht so stark ausgeprägt war wie die erste. Sie war weniger motiviert künstlerisch tätig zu sein und benötigte dabei mehr Energie und Konzentration. Da die Kreativität im Rahmen der depressiven Episode nachließ, hatte die Patientin den Eindruck, Lithium sei Schuld daran. Sie setzte dann ohne Rücksprache mit uns Lithium ab, auch mit dem Gedanken, daß Lithium ja ohnehin seine Wirkung über die vielen Jahre verloren haben müßte. Acht Wochen später rief uns die Mutter der Patientin ganz aufgeregt an, um uns mitzuteilen, daß ihre Tochter wieder manisch sei: Sie habe in den vergangenen Wochen Geld in Höhe von etwa 200 000 DM ausgegeben. Die Mutter befürchtete zu Recht, daß die Patientin ihr gesamtes Vermögen verlieren könne, da außer ihr keine andere Person Zugang zum Bankkonto habe. Sie würde wohl kaum noch schlafen, nachts ständig ausgehen und dabei sehr viel Alkohol trinken. In betrunkenem Zustand habe sie auch schon einen Verkehrsunfall verursacht. Außerdem sei sie sehr gereizt und streitsüchtig; sie habe keinerlei Einsicht in ihr Fehlverhalten. Sie würde Kollegen anrufen und beschimpfen, ihre Auftrittstermine nicht mehr wahrnehmen. Der Produktionsagent, der ihre Auftritte regelte, war ebenfalls schon sehr besorgt, da er den guten Ruf der Musikerin in der Öffentlichkeit gefährdet sah, falls nicht bald etwas passieren würde. Wir versuchten daraufhin sofort mit der Patientin zunächst telephonisch in Kontakt zu treten. Dabei zeigte sich, daß sie keinerlei Krankheitseinsicht zeigte und eine Behandlung rundherum ablehnte. Zu einer ambulanten oder gar stationären Behandlung war sie nicht zu bewegen. Auch die Konfrontation mit den Konsequenzen ihres Fehlverhaltens zeigte keinerlei Wirkung. In dieser Situation war klar, daß nur eine Maßnahme gegen ihren Willen eine effektive Behandlung ermöglichen würde. Dieser Meinung war auch der Amtsarzt, der schließlich eine zwangsweise Unterbringung in einer psychiatrischen Klinik veranlaßte. Dies wurde damit begründet, daß der krankheitsbedingte Verlust der Steuerungs- und Kritikfähigkeit eine erhebliche Gefahr darstellt. Der noch einmal glimpflich verlaufene Verkehrsunfall war ja bereits ein Beispiel dafür, wie der Verlust der Steuerungsfähigkeit zu einer erheblichen Gefahr für die Patientin und die Umwelt werden kann. Zudem war die berufliche und wirtschaftliche Existenz der Patientin und ihrer Familie durch das krankhafte Verhalten gefährdet. Eine medikamentöse Behandlung mit einem Neuroleptikum und Lithium führte schließlich zur raschen Besserung, so daß die Patientin nach 7 Wochen wieder gesund entlassen werden konnte. Bald nach Behandlungsbeginn konnte sie die Einsicht in ihr Fehlverhalten gewinnen und nahm bereitwillig die Medikamente ein. Sie war sehr froh, daß etwas unternommen worden war, um den Schaden zu begrenzen.

Die Unterbringung wird im Prinzip auf der Basis eines (amts-) ärztlichen Zeugnisses von der Ordnungsbehörde (Polizei) durchgeführt und vom Amtsgericht auf ihre Rechtmäßigkeit geprüft. Praktisch wird in jedem Fall das Amtsgericht, in der Regel das Gesundheitsamt, und oft ein weiterer Arzt sowie manchmal die Polizei beteiligt. Je nach Dringlichkeit sind die Verfahrensweisen etwas unterschiedlich. Muß eine unmittelbare Gefahr abgewendet werden, bleibt oft keine Zeit, noch vor der sofortigen Unterbringung eine richterliche Entscheidung herbeizuführen. Der Richter muß dann aber spätestens am Tag nach der Aufnahme im Krankenhaus die Unterbringung des Kranken anordnen.

Das Gericht muß sich einen persönlichen Eindruck von dem Betroffenen verschaffen. Diese Vorschrift soll natürlich dem Schutz des Patienten dienen. Unglücklicherweise leitet sie sich aber aus unserer Strafrechtsordnung ab. Danach muß jeder Angeklagte persönlich vor seinem Richter erscheinen. So verwundert es einen nicht, daß manche Kranke mit Schuldgedanken ganz irrtümlich glauben, sie stünden vor einem Tribunal, das sie nun wegen ihrer gewähnten Fehler oder Verbrechen bestrafen müsse. Der Kranke ist dann nicht davon zu überzeugen, daß das Gericht kein Strafgericht, sondern einzig und allein dazu da ist, die Rechtmäßigkeit der Unterbringung zu prüfen und die Unterbringungsdauer festzulegen.

Der Kranke wird über den Beschluß informiert und kann dagegen Beschwerde einlegen. Auf dem schriftlichen Beschluß steht auch eine Rechtsmittelbelehrung mit Angabe der einzuhaltenden Fristen und bei wem die Beschwerde gegen die Unterbringung eingelegt werden muß. Dies ist gewöhnlich bei dem Amtsgericht, das die Unterbringung angeordnet hat. Über den Widerspruch hat schließlich die Beschwerdekammer beim Landgericht zu entscheiden. Widerspruch gegen eine Unterbringung muß vom Patienten selbst oder von einer von ihm bevollmächtigten Person eingelegt werden. Manche Patienten ziehen in solchen Fällen einen Rechtsanwalt hinzu, der ihnen juristischen Beistand leisten kann. Angehörige können ohne Vollmacht des Patienten nicht gegen eine Unterbringung vorgehen.

Sofort nach der Einweisung wird der Untergebrachte vom Arzt im Krankenhaus untersucht. Stellt der Arzt fest, daß die Voraussetzungen für die Unterbringung nicht oder nicht mehr bestehen, darf er den Patienten gegen dessen Willen nicht weiter im Krankenhaus behalten. Vielleicht wird er aber versuchen, den Patienten davon zu überzeugen, daß ihm eine Behandlung in der Klinik guttun würde, so daß der Patient dann freiwillig weiter in der Klinik bleibt.

Verweigerung der Entlassung

In den allermeisten Fällen werden die Patienten entlassen, wenn sie es wünschen – auch wenn man auf der Station den Eindruck hat, daß es für den Patienten besser wäre, noch im Krankenhaus zu bleiben. Aber einem Patienten muß die Entlassung verweigert werden, wenn die beschriebenen Unterbringungsgründe vorliegen. Und auch Patienten, die nicht zwangsweise eingewiesen wurden, kann die Entlassung dann verweigert werden.

Stellt man während des Krankenhausaufenthaltes fest, daß der Patient beabsichtigt, sich das Leben zu nehmen, so ist ganz klar, daß die Ärzte die Verantwortung für eine Entlassung nicht übernehmen können. Konsequenz: der Patient muß zurückgehalten werden.

Dies ist vielleicht der schlimmste Konflikt zwischen Arzt und Patient. Der Patient fühlt sich hinters Licht geführt und im Stich gelassen. Freiwillig ist er ins Krankenhaus gekommen und hat in die Behandlung eingewilligt, und trotzdem darf er nun das Krankenhaus nicht verlassen. Das mag den Patienten tief verletzen, aber auch für den Arzt ist es kein leichter Entschluß. Aus Erfahrung weiß er, oder spürt es, daß manche Patienten das Vertrauen zu ihm oder zu den Ärzten ganz allgemein vielleicht niemals wiederfinden werden. Wir meinen, daß es hierfür keine befriedigende Lösung gibt. Es scheint manchmal wie bei tragischen Konflikten der Antike: Von außen her gesehen hat man Mitgefühl und Verständnis für alle Beteiligten, man weiß, daß es weder Gewinner und Verlierer noch Helden und Schurken gibt: Trotz aller guten Vorsätze bleiben nur Verlierer übrig. Glücklicherweise halten die meisten Patienten die Entscheidung des Arztes zumindest rückblickend für notwendig und richtig, wenn sie wieder gesund sind und die Situation erkennen, in der sie sich befunden haben.

Zwangsbehandlung

Eine Behandlung gegen den Willen des Patienten ist bei (manisch-)depressiven Patienten nur selten nötig. Sie läßt sich aber nicht umgehen, wenn erhebliche Gefahr für Leben und Gesundheit des Patienten oder anderer Personen im Verzuge ist, die nur durch eine sofort eingeleitete Behandlung abgewendet werden kann. Ändert sich die bedrohliche Situation nicht sehr schnell und willigt der Patient auch weiterhin in die notwendige Behandlung nicht ein, dann wird man beim Amtsgericht die Einrichtung einer Betreuung zum Zwecke der Zustimmung zur Heilbehandlung beantragen müssen (s. S. 108). Dies ist auch bei Patienten zu überlegen, die über längere Zeit unter Verfolgungswahn gelitten haben, Patienten, die sich jeder Behandlungsform widersetzt haben, obwohl die Behandlung als erforderlich angesehen wurde und bei denen es die Angehörigen und der Hausarzt aufgegeben haben, den Patienten zu überzeugen.

Der Arzt wird nur in äußerster Not zu einer Zwangsbehandlung greifen. Er wird statt dessen im Laufe von ein, zwei oder drei Wochen versuchen, zu einem Einverständnis des Patienten zu kommen. Manchmal gelingt es, manchmal nicht.

Deutlich weniger Zwangsmaßnahmen als früher

Die Zahl der Zwangseinweisungen oder anderer Maßnahmen unter Zwang ist in den letzten 30 Jahren bedeutend zurückgegangen. Unserer Meinung nach ist dies auf drei Gründe zurückzuführen:

- Bessere Aufklärung hat dazu geführt, daß die Bevölkerung weniger Furcht hat.
- Viele psychiatrische Kliniken und Krankenhäuser sind »offener«, »freundlicher« als früher, sowohl was die Gebäude als auch was die Haltung des Pflegepersonals und der Mitpatienten angeht.
- Die psychiatrischen Behandlungen sind wesentlich wirksamer geworden. Das betrifft ganz besonders die Behandlung und die Vorbeugung von (manisch-) depressiven Stimmungsänderungen.

Die Zahl der Zwangsmaßnahmen kann noch weiter gesenkt werden. Aber das ist sicher nur mit gemeinsamer Anstrengung aller Beteiligten einschließlich der Öffentlichkeit möglich. Und es ist unserer Meinung nach ein naiver Glaube, daß man eines Tages ganz ohne Zwang wird auskommen können. Der Mensch kann nicht alle tragischen Ereignisse verhindern; aber miteinander können wir darauf hinarbeiten, daß sie nicht unnötig oft auftreten und daß ihre Wirkungen abgemildert werden.

Klagen über Ärzte und Krankenhäuser

Unsere allgemeine Ansicht dazu: Zuwenig oder zuviel verdirbt alles. In der ersten Hälfte unseres Jahrhunderts wurden die Ärzte grenzenlos bewundert. Bahnbrechende Leistungen in der Chirurgie und in der Behandlung ansteckender Krankheiten bildeten zu einem Teil die Grundlage dafür. Bei einer solchen allgemein verbreiteten Einstellung wurden Ärzte nur selten angegriffen – selbst in begründeten Fällen. Später verblaßte der Glanz aus verschiedenen Gründen. Herz- und Gefäßkrankheiten, Krebs und psychische Erkrankungen sind nun in den Vordergrund getreten und erfüllen die Bevölkerung mit ebensoviel Ablehnung und Furcht wie ansteckende Krankheiten früher. Diese Krankheiten töten weniger unmittelbar, halten indessen meist länger an und quälen die Menschen vielfältiger. Sie können jedoch noch keineswegs mit demselben Erfolg wie die früheren Infektionskrankheiten behandelt werden. Gleichzeitig ist aber der Anspruch auf Gesundheit gestiegen, manche betrachten sie bereits als ein garantiertes und einklagbares Recht. Hinzu kommt, daß die durchschnittlich höhere Lebenserwartung vermutlich wesentlich mehr durch Änderungen der Hygiene, von Wohnverhältnissen und Ernährung, durch mehr Eiweiß und Vitamine beeinflußt ist, als jede ärztliche Krankheitsbehandlung es erreichen konnte.

Deshalb befinden sich die Ärzte heute in einer sehr viel angreifbareren Position als früher. Und nicht zuletzt aus diesen Gründen nehmen sowohl die ungerechtfertigten als auch die gerechtfertigten (An-)Klagen zu. In den USA hat dies u.a. zu einer enormen Zahl von Ersatzansprüchen gegenüber Ärzten geführt. Nun ist dies auf sehr spezielle Verhältnisse in diesem Lande zurückzuführen, bei denen der Anwalt einen bestimmten Prozentsatz der Erstattungssumme erhält. Somit ist ein Anwalt, der nur ein paar solcher Fälle pro Jahr gewinnt, ganz gut dran. Einige amerikanische Anwälte leben ausschließlich davon und denken offensichtlich nicht darüber nach, daß dadurch die Ärzte zu einer defensiven Medizin gedrängt werden, die langfristig nicht ohne negative Auswirkungen auf die Patienten bleiben kann.

Werden Ärzte genügend oft verklagt, dann müßten sie diese Möglichkeit bereits bei der Untersuchung und bei der Behandlung berücksichtigen. Die Beziehung zum Patienten würde formaler, bürokratischer, »schriftlicher« und damit genau das Gegenteil von dem werden, was viele Patienten vom Arzt heute mehr denn je erwarten: das Gespräch ohne Hast, die persönliche Zuwendung. Zudem könnte bei den Ärzten auch eine Tendenz entstehen, teure und überflüssige Untersuchungen durchzuführen, um sich abzusichern, und darüber hinaus würden sie vielleicht eine möglicherweise unnötige Behandlung monate- oder jahrelang weiterführen.

Grund zur Klage? – Was kann man tun?

Klagen Sie, wenn es einen Grund zur Klage gibt! Aber sprechen Sie zuerst mit Ihrem Arzt. Wenn das nicht hilft, dann suchen Sie bitte Rat bei Ihrer eigenen Familie, bei Freunden und Bekannten, beim Hausarzt, auch bei einem Anwalt. Sowohl Arzt als auch Patient haben ein Interesse daran, daß sichtliche Fehler aufgeklärt werden und, falls erforderlich, in irgendeiner Form geahndet werden. Bevor der Weg zum Gericht beschritten wird, sollte man den Fall den sogenannten Schiedsstellen vorlegen, die von den Landesärztekammern eingerichtet wurden. Das hat den Vorteil, daß man eine sachkundige Beurteilung erhält. Ist man davon nicht überzeugt, kann man immer noch zum Gericht gehen (s. Anhang S. 136 f).

Schicksal und eigener Wille

Wir haben schon früher darauf hingewiesen, daß die Haltung des Arztes bei der Behandlung anders sein muß als bei der Vorbeugung. Bei der Behandlung einer Krankheitsphase tritt der Arzt in die Rolle des Handelnden, um mit dem und für den Patienten Entscheidungen zu treffen. Bei der Vorbeugung ändert sich seine Rolle dahingehend, daß er zu einem Ratgeber wird, der Erklärungen und Hilfestellung gibt; aber dabei muß man als Kranker den Entschluß, ob man eine Vorbeugung will selbst treffen.

Obwohl wir natürlich auch in diesem Kapitel mit der Erfahrung von Ärzten sprechen, so doch mehr als Mitmenschen denn als Fachleute.

Die Einstellung des Patienten

Eine psychische Erkrankung zu haben ist ganz besonders schwer, weil man während der Krankheitsepisoden oft nicht in der Lage ist, die Dinge in der richtigen Perspektive zu sehen.

Fallbericht

Ein Patient schreibt:

»Versuchen Sie beispielsweise über viele Jahre hinweg nach einem Kompaß zu steuern, der ganz perfekt ist und die Mißweisung selbst korrigiert. Hierbei wird ein bedingter Reflex gebildet, der unauslöschbar in das Bewußtsein eingemeißelt ist: Die Wirkung des Kompasses ist absolut und richtig. Dieses absolute, unauslöschbare Gefühl gerät nunmehr und von Mal zu Mal offener mit der Erfahrung in Konflikt, daß der Kompaß falsch anzeigt und daß die Mißweisung unvorhersehbar schwankt – und dann gerät man völlig durcheinander, wenn nicht noch mehr! Man wird ein verzweifeltes Opfer des Zufalls und beobachtet selbst, daß man, ohne sich verteidigen zu können, einen Schiffbruch nach dem anderen erleidet.«

Wenn man depressiv ist, glaubt man *nicht*, daß etwas dagegen getan werden *kann*.

Wenn man manisch ist, glaubt man *nicht*, daß etwas dagegen getan werden *sollte*.

Die eigene Haltung der Familie gegenüber ist ein gutes Beispiel hierfür. Wenn man depressiv ist, glaubt man oft, daß die eigene Familie »viel zu gut für einen« ist. Wenn man manisch ist, glaubt man oft, daß sie nicht gut genug ist.

Und außerdem gibt es noch die Frage, ob man die Tatsache einer psychischen Erkrankung akzeptieren kann oder will. Im Grunde unseres Bewußtseins wehren wir uns alle gegen die Erkenntnis, daß wir krank geworden sind, daß uns etwas fehlt – körperlich ebenso wie psychisch. Und vielleicht besonders, wenn es etwas Psychisches, Seelisches ist. Das bedroht unser Gefühl, unseren Anspruch, Herr über uns selbst zu sein –, und die Haltung der Umgebung macht es oft noch schwerer. Darauf werden wir noch zurückkommen.

Die Einstellung des Arztes

Die Ärzte wissen eine ganze Menge über die Behandlung, immerhin einiges über die Vorbeugung und nur wenig über die Ursachen der Krankheiten. Das gilt für psychische Erkrankungen gleichermaßen wie für körperliche Erkrankungen. Bei körperlichen Erkrankungen vertrat man im allgemeinen die Ansicht, daß seelische und soziale Faktoren ziemlich unwesentlich wären. Bei seelischen Erkrankungen meinte man dementsprechend, daß körperliche oder biochemische Faktoren relativ bedeutungslos seien. Heute ist allerdings klar, daß die Dinge wesentlich komplizierter sind. Erbfaktoren spielen eine bedeutende Rolle sowohl bei schizophrenen als auch bei (manisch-)depressiven Erkrankungen, möglicherweise, indem sie eine verstärkte Empfindlichkeit für äußere Einflüsse bewirken. Aber wir wissen nur wenig darüber, welche Einflüsse, seien sie klimatischen, diätetischen, infektiösen, psychischen oder sozialen Ursprungs, hier von besonderer Bedeutung sind. Und wir wissen auch kaum etwas darüber, wie sie wirken.

Aber es gibt einige, die glauben es zu wissen. Je nach ihrer Überzeugung nehmen sie an, daß die sozialen Ursachen die wichtigsten sind, und daher müsse sozial oder direkt politisch etwas dagegen getan werden. Oder andere meinen, daß die psychischen Ursachen die wichtigsten sind, und dann müsse die psychologische Behandlung auf den Thron gehoben werden. Oder aber, sie sind davon überzeugt, daß biologische Ursachen die wichtigsten sind und deshalb Medikamente das einzig Seligmachende seien. Aber ganz so einfach ist es nun nicht, weder für psychische Erkrankungen, insgesamt noch was den einzelnen betrifft. Meistens ist es ein »sowohl als auch«.

Die Haltung der Gesellschaft

Wenn auch die Gesellschaft psychischen Erkrankungen gegenüber toleranter geworden ist, so liegt doch noch ein langer Weg vor uns. Denn die Haltung vieler Menschen zu psychischen Erkrankungen ist, egal wie wir es drehen und wenden, immer noch von Unwissenheit und Vorurteilen geprägt. Vor dem, was man nicht versteht, hat man in der Regel Angst. Und wenn es bei anderen auftritt, dann ist es leichter und einfacher, es von sich zu weisen – und damit den Kranken von sich zu stoßen. Als ob der Kranke aussätzig wäre.

Der Abstand gegenüber den Aussätzigen hatte zumindest einen überzeugenden Grund, nämlich die Ansteckungsgefahr. Wenn genauso viele vor psychischen Erkrankungen zurückweichen, hängt es unseres Erachtens damit zusammen, daß jeder Mensch Angst davor hat, die Kontrolle über sich selbst, über sein Seelenleben zu verlieren. Während unseres Heranwachsens und durch unsere Erziehung lernen wir, unsere Gedanken und Gefühle zu beherrschen. Diese Kontrolle zu verlieren, erweckt Gefühle genauso wie die, von einer unbekannten Gefahr erdrückt zu werden; ja sogar mitzuerleben, wie andere für eine gewisse Zeit aus dem seelischen Gleichgewicht geraten, erscheint als drohende Gefahr; denn wenn es bei anderen auftreten kann, dann wohl auch bei einem selbst. Und wenn man sich darauf einläßt, weiß man erst recht nicht, wo und wie es endet.

Das erste, was man sich selbst einzureden versucht, ist, daß das natürlich nicht geschehen kann! Und warum nicht? Weil man anders ist. Und das ist man auch in mancher Beziehung tatsächlich, in vielen anderen Hinsichten aber eben nicht. Manche haben nämlich eine Veranlagung für (manisch-)depressive Stimmungsänderungen, und das hat die Mehrzahl der anderen nicht. Daß einige von ihnen statt dessen Veranlagung für Zuckerkrankheit, eine Herzerkrankung oder eine Krebskrankheit haben könnten, darüber denkt keiner in diesem Zusammenhang nach.

Aber weniger Vorurteile tun es alleine auch nicht. Die notwendige Verbesserung kostet auch Geld. Geld ist erforderlich, um die oft hundertjährigen psychiatrischen Krankenhäuser menschenwürdiger zu gestalten und umzustrukturieren, um gemeindenahe Einrichtungen zur Rehabilitation und Integration von psychisch Kranken, Rekonvaleszenten und Behinderten aufzunehmen, um qualifiziertes Personal heranzubilden und in ausreichender Zahl einzusetzen, so wie es eine Sachverständigenkommission dem Bundestag 1975 und eine Expertenkommission der Bundesregierung 1988 erneut und differenzierter vorgeschlagen hat.

Von politischer Seite wird viel mehr Handlungskraft erforderlich sein, wenn mehr Geld für die psychiatrische Behandlung ausgegeben werden muß; Geld nämlich, das aus anderen Gebieten abgezogen werden muß. Darin zeigt sich das Problem des gesamten Gesundheitswesens: Es müssen Prioritäten gesetzt werden. Wir können uns nicht alles leisten. Nicht zuletzt ist die Krankenhausbehandlung eine teure Angelegenheit geworden, so daß man nach mehr Voruntersuchung, Behandlung und Vorbeugung ohne (oder mit nur kurzer) Einweisung streben muß. Glücklicherweise ist es genau das, was der Patient am liebsten will, und das sollte durch eine gute Zusammenarbeit zwischen den niedergelassenen Ärzten und den Krankenhäusern erreicht werden. Wenn auch für viele psychische Erkrankungen auf eine, zumindest zeitweilige, klinische Behandlung noch nicht verzichtet werden kann, so erlaubt doch die moderne Entwicklung heute weitaus häufiger als dies früher möglich war, eine ambulante Behandlung gerade von Manie und Depression.

Wichtig ist daher, daß die Patienten sich zu Wort melden, denn die Politiker hören nun einmal nur auf diejenigen, die sich bemerkbar machen. Und hierbei tun sich die Patienten mit psychischen Erkrankungen und deren Angehörige bisher meist sehr schwer. Sie geraten dadurch in einen Teufelskreis: Die Gesellschaft hat gegenüber psychischen Erkrankungen Vorurteile, Patienten und deren Angehörige wagen sich deswegen nicht ins Rampenlicht, um bessere Behandlungsmöglichkeiten zu fordern; die Gesellschaft zieht daher andere Gebiete des Gesundheitswesens vor. Damit aber ist die Bekämpfung psychischer Krankheit nicht so erfolgreich, wie sie bereits sein könnte, so daß Vorurteile von der Unbehandelbarkeit und dem schicksalsmäßig schlimmen Verlauf psychischer Krankheiten scheinbar begründet bleiben.

Man denke nur an die öffentliche Zustimmung für die Behandlung und für die Erforschung von Herzkrankheiten, Zuckerkrankheit, Kinderlähmung oder Krebs. Alles zusammen wichtige Gebiete. Aber es gibt ein Mißverhältnis zu der Stille bei den berechtigten Forderungen für die Behandlung psychischer Erkrankungen. Und hierbei könnten auch die Medien eine wichtige konstruktive Rolle spielen, nicht nur, indem sie selbstverständlich auf Mißstände hinweisen, sondern auch dadurch, daß sie verantwortungsbewußt und sachkundig informieren. Dazu gehört auch, daß nicht jede mehr oder weniger unbegründete (private) Meinung gleich zur Lehrmeinung hochstilisiert und durch breite Erfahrung und Forschung wissenschaftlich begründeten Auffassungen gleichwertig gegenübergestellt wird. Das führt eher zur Verwirrung der Öffentlichkeit, liefert den Politikern Argumente für ihre Zurückhaltung, hält Nachwuchs von der Arbeit in der Psychiatrie ab und hilft den Kranken und ihren Angehörigen nicht.

Selbstmord

Darüber muß gesprochen werden. Aber wir waren sehr stark im Zweifel darüber, an welcher Stelle des Buches das sein sollte.

Während der depressiven Phasen hat der Patient vielleicht mit dem Gedanken gekämpft, sich das Leben zu nehmen. Vielleicht hat dieser Gedanke ihn nur ein einziges Mal gestreift, vielleicht aber hat er den Patienten auch oft heimgesucht und gequält. Gedanken über Selbsterniedrigung und Selbstvorwürfe während einer Depression sind meist schmerzhaft. Man kann zu der Überzeugung kommen, daß es nicht mehr wert ist zu leben, daß die beste Lösung der Selbstmord ist, eine Befreiung, eine Erlösung von den endlos quälenden Gedanken und gleichzeitig eine Hilfe für die Familie, die einen nicht länger als Menschen mit einem verfehlten Leben ertragen muß. Manche werden hieraus die Konsequenz ziehen und mit einer für uns andere unfaßbaren Entschlossenheit handeln. In solchen Situationen können die Familie und der Arzt eine Zwangseinweisung in Erwägung ziehen. Und wenn man in der psychiatrischen Klinik der Auffassung ist, daß der Patient weiterhin solche Gedanken zum Tode hat, dann wird man evtl. eine Entlassung verweigern und, falls erforderlich, den Patienten mit Zwang zurückhalten (s. S. 113 f).

Wir meinen nicht, daß dies anders sein kann oder soll, denn Beurteilungsvermögen und Perspektive sind in einer solchen Depression gänzlich verändert. An dem Tage, an dem man sich wieder in ausgeglichener Stimmung befindet, wird man mit Verwunderung auf seine Gedanken und Handlungen zurückblicken. Ob sich jemand das Leben nehmen will, hängt teilweise von seiner eigenen Einstellung dazu ab, d.h. also auch von einer krankhaft geänderten Einstellung während einer Depression –, teilweise hängt es aber auch von der Gesellschaft und dem Kulturkreis ab, in dem man lebt.

Der Selbstmord in anderen Kulturen

In manchen Gemeinschaften erwartete man, daß jemand in bestimmten Situationen Selbstmord beging, in anderen Gemeinschaften versuchte man ein Tabu zu schaffen, so daß niemand es wagen mochte. Ein Beispiel für einen sogenannten Pflichtselbstmord war das Harakiri im japanischen Ritterstand. Wenn man als Krieger Feigheit gezeigt hatte oder wenn man als General einen Krieg auf erniedrigende Art und Weise verloren hatte, dann schrieb die »Moral« den Selbstmord auf eine ganz bestimmte Art und Weise vor. Gleichzeitig war es aber ein Versöhnungsopfer, das dem Krieger ein ehrenvolles Begräbnis sicherte und ihn in die himmlischen Gärten brachte.

Als entgegengesetztes Beispiel kann das Tabu genannt werden, das die christliche Kirche im Jahre 500 nach Christus schuf. Damals wurde bestimmt, daß Selbstmord zur ewigen Verdammnis führt. Man unterstrich diese Haltung dadurch, daß demjenigen, der Selbstmord begangen hatte, das Grab in geweihter Erde verweigert wurde.

Zu anderen Zeiten und in anderen Regionen wirkte ein Selbstmord sehr stark schicksalsträchtig; und so erleben ihn auch heute noch viele Menschen, je nachdem, in welchem Land und in welchem Kulturkreis sie leben und welcher Religion sie angehören.

Es ist schwierig festzustellen, ob in manchen Ländern der Selbstmord häufiger ist als in anderen. In einigen Ländern mit kapitalistischem Wirtschaftssystem sind die Statistiken aus Gründen des Lebensversicherungsschutzes zweifelhaft. So erhält in den USA der überlebende Ehepartner eine Lebensversicherung nicht ausbezahlt, wenn der Versicherte Selbstmord begangen hat. Und in einigen sozialistischen Ländern war es sehr schwer, die Selbstmordhäufigkeit in Erfahrung zu bringen, vielleicht, weil von den Regierenden die hohe Zahl als Ausdruck einer gewissen Verzweiflung angesehen wird.

Vermutlich ist die in Dänemark veröffentlichte Statistik zutreffender für Deutschland; sie kann aber nicht ohne weiteres auf andere Länder angewandt werden. Einige Zahlen aus Dänemark:

Die Häufigkeit von Selbstmorden in Dänemark

- Es gibt ca. 200 Selbstmorde auf 1 Million Einwohner pro Jahr; d.h. also, daß ca. 1 000 Dänen jährlich Selbstmord begehen.
- Die Häufigkeit hat sich während der letzten 100 Jahre nicht wesentlich geändert.
- Mehr Männer als Frauen begehen Selbstmord:
  Auf 3 Männer kommen 2 Frauen.
- Aber mehr Frauen *versuchen*, Selbstmord zu begehen:
  Auf 3 Frauen kommen 2 Männer.
- Die Selbstmordhäufigkeit steigt gleichmäßig von den 30- bis zu den 70jährigen an.
- Unverheiratete, Geschiedene und Verwitwete begehen häufiger Selbstmord als Verheiratete.
- Für je 100 Selbstmorde kann man mit folgender Verteilung rechnen:
  →keine psychiatrische Krankheit bekannt 40 %,
  →Neurose, Charakterstörung, Alkoholmißbrauch 40 %
  →Schizophrenie 10 %
  →(manisch-)depressive Krankheiten 10 %.

Nach Untersuchungen in anderen Ländern ist der Anteil von Depressionen an Selbstmorden wesentlich höher, z.B. 70 % und mehr.

Das waren also einige statistische Fakten. Aber welche Bedeutung hat das jetzt für den einzelnen? Unter anderem bedeutet das, daß während einer Depression die Neigung zu einem Selbstmord viel größer ist als davor oder danach. In ein ähnlich großes Risiko gerät ein Mensch, der an einer schweren unheilbaren körperlichen Erkrankung leidet oder vor kurzem den Ehepartner oder den Beruf verloren hat.

Der große Unterschied ist nur, daß bei einer Depression verhältnismäßig schnell etwas Wirkungsvolles getan werden kann; viel schwieriger ist das aber bei einem Menschen, der einige der wichtigsten Lebenswerte für immer verloren hat, was bei einem älteren Menschen natürlich besonders ins Gewicht fällt.

Vielleicht können wird es auch auf eine andere Weise ausdrücken: Die Neigung zum Selbstmord bei einer Depression ist vorübergehend und »krankhaft«, während sie bei einem älteren, vom Schicksal Gezeichneten eher »existentiell« ist und damit vielleicht bestehen bleibt.

Aus diesem Grunde hält die Gesellschaft es für richtig, daß der Arzt sich aktiv dessen annimmt, der im Augenblick eine schwere Depression hat. Wogegen niemand wünscht, die Freiheit eines Mitbürgers für längere Zeit einzuschränken, der von existentiellen Problemen geplagt ist, obwohl wir wissen, daß auch bei ihm ein fortdauerndes und unvorhersehbares Risiko besteht, seinem Leben selbst ein Ende zu setzen.

Deswegen ist unsere Haltung als Arzt und als Mitmensch in diesen beiden Situationen auch verschieden. Bei einer Depression als Krankheit können wir als Ärzte mit großer Wahrscheinlichkeit zu einer Änderung beitragen, in der der Betroffene dann seine Lebenssituation bald wieder mit ganz anderen Augen sehen wird. Bei der Unerbittlichkeit des Schicksals indessen können wir als Ärzte nichts Entsprechendes sagen; wir werden zwar mit der Erfahrung um die oft heilende Wirkung der Zeit den Betroffenen unterstützen, eine kritische Situation zu überwinden, und als Mitmenschen können wir vielleicht hilfreiche Nähe und Mitgefühl vermitteln; aber wir haben wohl nicht das Recht zu bestimmen, wie andere ihre existentiellen Probleme lösen sollen.

Wir haben (manisch-)depressive Patienten gehabt, die sich in ihrer ersten depressiven Phase sehr stark mit Selbstmordgedanken beschäftigt hatten und bei denen wir eine sofortige Einweisung veranlassen mußten – auch gegen ihren Willen – und die dann doch ganz erleichtert waren, weil sie fühlten, daß andere die Verantwortung übernommen hatten.

Den gleichen Patienten konnten wir bei einer erneuten Depression später ohne Einweisung helfen. Einer von ihnen sagte ein-

mal: »Ich rufe Sie an, bevor ich etwas Drastisches unternehme.«
Auf einen solchen Vertrauensbeweis konnten wir uns immer
verlassen.

Wir haben aber auch Menschen kennengelernt (sowohl manisch-depressive als auch andere), die so hart und unwiderruf-
lich durch das Schicksal getroffen wurden, daß sie diesen Aus-
weg suchten. Einige von ihnen haben uns das Vertrauen erwie-
sen, ganz offen und ehrlich zu uns über ihre Probleme mit Tod
und Leben zu sprechen. Für einige war es das letzte Mal, daß wir
sie gesehen haben. Andere haben später berichtet, daß ihnen das
Sich-Aussprechen-Können geholfen hat, diese Probleme zu überwinden.

Ohne Zweifel werden einige – Fachleute ebenso wie Laien – es
verkehrt finden, daß wir dieses schreiben. Manche Christen werden sagen, daß Selbstmord immer eine Sünde ist; manche Ärzte
werden sagen, daß Selbstmord immer eine krankhafte Hand-
lung ist. Aber es muß erlaubt sein, daß wir in dieser Angelegenheit unsere Zweifel haben. Meist ist die Situation klar, und man
ist sich als Arzt wie als Mitmensch sicher, daß man einen Menschen vom Selbstmord abhalten muß, und man weiß auch oft,
was zu tun ist. Wir haben aber auch schon Situationen erlebt, in
denen es sich als große Schwierigkeit erwies, zwischen Krankheit und Existenz, zwischen krankheitsbedingter subjektiver
Verzerrung der Perspektive und existenzbezogener Bilanz objektiver Auswegslosigkeit eine klare Grenze zu ziehen.

An wen soll man sich bei Selbstmordgedanken wenden?

Man soll sich an den wenden, zu dem man das größte Vertrauen
hat, sich gerade über dieses schicksalsschwere Thema auszusprechen. Das kann der Hausarzt sein, der Ehepartner, ein guter
Freund, ein Priester. Kennt man niemanden, kann man in vielen
Städten auch über das Telefon mit einem Menschen sprechen
und dabei sogar anonym bleiben. Solche Telefongesprächspart-
ner sind im Telefonbuch z.B. unter »Telefonseelsorge« oder
»Lebensmüdenberatung« zu finden. Wenn man vorher bereits

eine Depression gehabt hat, dann ist es hoffentlich in solchem Falle der Psychiater, an den man sich wieder wendet und der einen erneut betreut.

Wir glauben, daß es für einen selbst gut ist, jemandem von seinen Nöten zu erzählen, selbst wenn man meint, daß es sehr schwer oder auch sinnlos ist.

Das Schicksal annehmen – oder verändern?

Wir haben über Probleme berichtet, die von der Neigung zu krankhaften Stimmungsschwankungen herrühren. Wir haben nicht zu verbergen versucht, daß oftmals eine Veranlagung dazu von Bedeutung ist, also etwas, mit dem man zur Welt gekommen ist. Man wird daher fragen: »Ja, aber was kann ich gegen das Schicksal schon tun?« Darauf möchten wir antworten, daß einem gerade heutzutage, da man in sehr vielen Fällen Depressionen und Manien vorbeugen kann, die Wahl gegeben ist, selbst zu entscheiden, ob etwas getan werden soll. Voraussetzung ist allerdings, daß man selbst will; daß man akzeptieren will, eine solche Veranlagung zu haben und daß etwas in Form von Behandlung und Vorbeugung dagegen getan werden kann und soll.

Es gibt Modeerscheinungen, auch bei Krankheiten. Manche Menschen scheinen es für schick zu halten, nervöse Symptome, die sie vielleicht haben, als etwas Manisch-Depressives auszulegen. Gelegentlich muß man ihnen dann beibringen, daß das nicht der Fall ist. Gleichzeitig kennen wir Menschen, bei denen wir mit großer Bestimmtheit sagen können, daß sie (manisch-)depressive Stimmungsänderungen haben, die das aber absolut nicht akzeptieren wollen. Man hat den Eindruck, daß sie sich entmündigt fühlen würden, wenn sie das erkennen und einsehen. Und das ist ja nicht unverständlich. Es schmerzt einen ja auch die Einsicht, eine Zuckerkrankheit, Epilepsie oder Schuppenflechte zu haben. Aber das persönliche Leben wird auf die Dauer befriedigender, wenn man die Tatsachen anerkennt, als wenn man wie der Vogel Strauß den Kopf in den Sand steckt. Dadurch gewinnt man die wichtigste Voraussetzung, das Schicksal zu verändern.

Gesetzestexte

»Unterbringungsgesetze«

Die zwangsweise Unterbringung von psychisch Kranken in geschlossenen Abteilungen psychiatrischer Krankenhäuser ist durch Gesetz geregelt. Jedes Bundesland hat sein eigenes Gesetz. Diese Gesetze wurden in den letzten Jahren aufgrund der Weiterentwicklung der psychiatrischen Kenntnisse wie auch des öffentlichen Bewußtseins fast alle reformiert. Das wesentliche Element der Gesetzesreformen besteht darin, daß der früher vorherrschende Gedanke, die Gesellschaft vor psychisch Kranken zu schützen, in den letzten Jahren wesentlich dadurch ergänzt wurde, daß man auch die Rechte des Kranken ausdrücklich anerkennt und Vorschriften zur Hilfe für ihn in die Gesetze aufgenommen hat. Dies kommt bereits in der Änderung der Gesetzestitel zum Ausdruck.

Im **Gesetz für psychisch Kranke (PsychKG) des Landes Berlin** vom 17.3.1994 (GVBl. S. 86) heißt es über die Unterbringung:

§ 1 Anwendungsbereich:

(2) Psychisch Kranke im Sinne dieses Gesetzes sind Personen, die an einer Psychose, einer psychischen Störung, die in ihren Auswirkungen einer Psychose gleichkommt, oder einer mit dem Verlust der Selbstkontrolle einhergehenden Abhängigkeit von Suchtstoffen leidet und bei denen ohne Behandlung keine Aussicht auf Heilung oder Besserung besteht.

§ 8 Voraussetzung der Unterbringung:

(1) Psychisch Kranke können nach § 1 Abs. 1 Nr. 2 § Buchstabe a gegen oder ohne ihren Willen nur untergebracht werden, wenn und solange sie durch ihr krankheitsbedingtes Verhalten ihr Le-

ben, ernsthaft ihre Gesundheit oder besonders bedeutende Rechtsgüter anderer in erheblichem Maße gefährden und diese Gefahr nicht anders abgewendet werden kann. Die fehlende Bereitschaft, sich behandeln zu lassen, rechtfertigt für sich alleine keine Unterbringung.

§ 9 Zweck der Unterbringung:

Zweck der Unterbringung ist es, die in § 8 genannte Gefahr abzuwenden und den Untergebrachten nach Maßgabe des Gesetzes zu behandeln.

Die Unterbringung eines Menschen, für den eine Betreuung eingerichtet wurde (s. S. 108), kann unter bestimmten Voraussetzungen auch durch den vom Amtsgericht bestellten Betreuer eingeleitet werden. Im **Gesetz zur Reform des Rechts der Vormundschaft und Pflegschaft für Volljährige (Betreuungsgesetz – BtG) von 1992**, das Bestandteil des Bürgerlichen Gesetzbuchs (BGB) ist, steht:

§ 1906:

(1) Eine Unterbringung des Betreuten durch den Betreuer, die mit Freiheitsentziehung verbunden ist, ist nur zulässig, solange sie zum Wohl des Betreuten erforderlich ist, weil

1. aufgrund einer psychischen Krankheit oder geistigen oder seelischen Behinderung des Betreuten die Gefahr besteht, daß er sich selbst tötet oder erheblichen Schaden zuführt, oder
2. eine Untersuchung des Gesundheitszustandes, eine Heilbehandlung oder ein ärztlicher Eingriff notwendig ist, ohne die Unterbringung des Betreuten nicht durchgeführt werden kann und der Betreute aufgrund einer psychischen Krankheit.... die Notwendigkeit der Unterbringung nicht erkennen oder nicht nach dieser Einsicht handeln kann.

(2) Die Unterbringung ist nur mit Genehmigung des Vormundschaftsgerichts zulässig. Ohne die Genehmigung ist die Unter-

bringung nur zulässig, wenn mit dem Aufschub Gefahr verbunden ist; die Genehmigung ist unverzüglich nachzuholen.

(3) Der Betreuer hat die Unterbringung zu beenden, wenn ihre Voraussetzungen wegfallen…

»Schlichtung«

Auszug aus der »Geschäfts- und Verfahrensordnung einer Schlichtungsstelle für Arzthaftpflichtfragen der norddeutschen Ärztekammern« vom 18.3.1977:

§ 1 (1) Die Ärztekammern Berlin, Bremen, Hamburg, Niedersachsen und Schleswig-Holstein haben sich zu einer Arbeitsgemeinschaft der norddeutschen Ärztekammern in der Rechtsform einer Gesellschaft bürgerlichen Rechts zusammengeschlossen zum Zwecke der gemeinsamen Errichtung und des gemeinsamen Betriebes einer Schlichtungsstelle für Arzthaftpflichtfragen, um gemeinsam mit dem Verband der Haftpflicht-, Unfall- und Kraftverkehrsversicherer e.V. (HUK-Verband) dazu beizutragen, Streitigkeiten wegen Haftpflichtansprüchen zwischen Ärzten und Patienten, die sich aus der ärztlichen Tätigkeit ergeben, außergerichtlich beizulegen.

§ 2 (1) Die Schlichtungsstelle wird bei Streitigkeiten zwischen Ärzten und Patienten tätig, die den Vorwurf fehlerhafter ärztlicher Behandlung betreffen.

(2) Die Schlichtungsstelle kann vom Arzt, seinem Versicherer oder vom Patienten angerufen werden. Widerspricht ein Beteiligter der Anrufung der Schlichtungsstelle, so findet ein Verfahren der Schlichtungsstelle nicht statt.

§ 3 Ziel der Tätigkeit der Schlichtungsstelle ist es, möglichst rasch und eingehend den Sachverhalt aufzuklären und einen Schlichtungsvorschlag zur Behebung der Streitigkeiten zu unterbreiten, die Beteiligten sind verpflichtet, dabei mitzuwirken.

§ 4 (1) Die Schlichtungsstelle besteht aus 5 Mitgliedern, die wie folgt berufen werden:

1 Arzt als ständiges Mitglied aufgrund gemeinsamer Bestellung der norddeutschen Ärztekammern

1 Jurist mit Befähigung zum Richteramt als ständiges Mitglied aufgrund gemeinsamer Bestellung der norddeutschen Ärztekammern

1 Arzt mit Anerkennung für das durch den konkreten Sachverhalt angesprochene Fachgebiet aufgrund Benennung durch die Ärztekammer, dessen Kammerangehöriger Betroffener des Schlichtungsverfahrens ist oder, falls diese Kammer die Benennung nicht vornehmen will, aufgrund Benennung durch eine andere von der betroffenen Kammer ausgewählte Kammer

1 Vertreter (Arzt oder Jurist mit Befähigung zum Richteramt) aufgrund Benennung durch den beteiligten Arzt

1 Vertreter (Arzt oder Jurist mit Befähigung zum Richteramt) aufgrund Benennung durch den Patienten.

§ 8 Durch den Schlichtungsvorschlag wird der Rechtsweg nicht ausgeschlossen.

Die in den einzelnen Bundesländern tätigen Schlichtungsstellen können bei den jeweiligen Landesärztekammern erfragt werden.

Schlußbemerkung

Für uns ist es schwer zu wissen, ob wir zuviel oder zuwenig geschrieben haben; ob das, was wir als wichtig ansehen, auch vom Leser so gesehen und von ihm gesucht wird.

Das Manuskript ist von vielen verschiedenen Menschen gelesen worden: Von Ärzten und Krankenschwestern, von Sozialarbeitern und Psychologen, auch von einigen, die Patient gewesen sind, und von anderen, die mit Patienten zusammenleben. Sie alle haben uns sehr wichtige Ratschläge gegeben, für die wir gerne Dank sagen möchten.

Dieses Buch ist ein Versuch, eine zusammenhängende Darstellung aller Aspekte bei (manisch-)depressiven Erkrankungen sowohl für den Patienten als auch für dessen Angehörige zu schreiben. Wir hoffen, daß uns viele ihre Ratschläge, ihre Erfahrungen und ihre Kritik schreiben werden; nur so kann die nächste Ausgabe besser werden.

Adressen, die weiterhelfen

Selbsthilfegruppen und Angehörigenverbände

Bundesweite Vermittlung von Selbsthilfegruppen:
Nationale Selbsthilfe Kontakt- und Informationsstelle (SEKIS)
Albrecht-Achilles-Str. 65, 10709 Berlin, Tel. 0 30/8 91 40 19

Deutsche Arbeitsgemeinschaft Selbsthilfegruppen e.V.
Friedrichstr. 28, 35393 Gießen, Tel. 06 41/7 02 24 78

Bundesverband der Angehörigenverbände:
Bundesverband der Angehörigen psychisch Kranker
in Deutschland
Thomas-Mann-Str. 49a, 53127 Bonn, Tel. 02 28/63 26 46
(beraten und unterstützen auch beim Aufbau neuer Angehörigengruppen)

Sachverzeichnis